高校教育管理探究

蒋尊国　蒋丽凤◎著

吉林出版集团股份有限公司

全国百佳图书出版单位

图书在版编目（CIP）数据

高校教育管理探究 / 蒋尊国，蒋丽凤著 . — 长春：
吉林出版集团股份有限公司 , 2023.10
ISBN 978-7-5581-1966-8

Ⅰ . ①高… Ⅱ . ①蒋… ②蒋… Ⅲ . ①高等学校－教
育管理－研究 Ⅳ . ① G640

中国国家版本馆 CIP 数据核字 (2023) 第 204941 号

高校教育管理探究
GAOXIAO JIAOYU GUANLI TANJIU

著　　者	蒋尊国　蒋丽凤	
责任编辑	沈　航	
封面设计	李　伟	
开　　本	710mm×1000mm	1/16
字　　数	160 千字	
印　　张	10	
版　　次	2023 年 10 月第 1 版	
印　　次	2024 年 1 月第 1 次印刷	
印　　刷	天津和萱印刷有限公司	

出　　版	吉林出版集团股份有限公司
发　　行	吉林出版集团股份有限公司
地　　址	吉林省长春市福祉大路 5788 号
邮　　编	130000
电　　话	0431-81629968
邮　　箱	11915286@qq.com
书　　号	ISBN 978-7-5581-1966-8
定　　价	80.00 元

前　言

　　教育对一个国家的发展有十分重要的作用，它是实现中华民族伟大复兴的前提与基础；全面建成社会主义现代化强国，要大力发展教育事业。随着我国高等教育事业的快速发展，高等教育理念、高等教育方式以及高等教育方法等都发生了较大的转变。本书对提升高校教学管理效率、改善高校教育质量进行了深入的论述。我们要不断优化高校教学管理，只有这样才能满足当前时代发展对高校教育的要求。本书在论述高校教育管理的过程中，充分结合我国当前发展形式，从点到面，系统地论述了我国高等教育管理中教学管理、学生管理、创业管理和大数据时代信息化发展对推动高校教育管理创新产生的积极作用等方面的内容，同时也对现阶段我国关于高等教育管理方面的研究进行了梳理，以期为我国高校教育管理提供参考。

　　本书第一章为绪论，分别介绍了高校教育管理的概念、高校教育管理的内容及本质、高校教育管理的理念与原则、高校教育管理的发展与创新四个方面的内容；本书第二章为高校教学管理及队伍建设，主要介绍了三个方面的内容，依次是高校教学管理的基本内容，高校专业、课程与管理队伍建设，高校教育质量监控管理体系；本书第三章为高校学生管理理念与方法，分别介绍了两个方面的内容，依次是高校学生管理类型、高校学生管理工作加强和改进的对策；本书第四章为高校行政管理理念与方法，依次介绍了高校行政管理队伍建设研究，我国高校行政管理的制度分析，我国高校行政改革的主要思路、对策和建议三个方面的内容；本书第五章为基于不同环境的高校教育管理思维创新，主要介绍了四个方面的内容，分别是基于大数据时代信息化的高校教育管理创新、基于新媒体环境的高校教育管理创新、基于大思政格局的高校教育管理创新、基于"互联网＋"时代的辅导员工作创新。

　　在撰写本书的过程中，本人得到了许多专家、学者的帮助和指导，参考了大量的学术文献，在此表示真诚的感谢。本书内容系统全面，论述条理清晰、深入浅出。限于作者水平有限，加之时间仓促，本书难免存在一些疏漏，在此，恳请同行、专家和读者朋友批评指正。

目 录

第一章 绪论

本章为高校教育管理概述，分别介绍了高校教育管理的概念、高校教育管理的内容及本质、高校教育管理的理念与原则、高校教育管理的发展与创新四个方面的内容。

第一节 高校教育管理的概念

一、管理的一般概念

管理主要指的是在一定的环境下，对组织中现有的资源进行科学合理的安排、领导、把握，从而实现既定的组织目标。

我们在学科体系的理论研究中也提到过，管理是人们依据社会发展的客观规律和在特定历史条件下各种规律的表现方式，有意识地调节社会系统内外的各种关系和资源，以便达到既定的系统目标的过程。很显然，这两个方面的表述并不矛盾，只是表述的方式稍有差别而已。前面的表述直接一些，比较简练；后面的表述宏观一些，从社会系统的角度和方法进行表述。

这一表述的含义包括以下三个方面：

第一，管理是为实现组织目标服务的，是一个有意识的、有目的的活动过程。管理是任何组织不可或缺的，但绝不是孤立存在的。只要有组织及其活动，就存在管理问题。就管理本身而言，管理不具有自己的目标，不存在为管理而管理，没有活动也就不存在管理问题，管理是依附于活动而存在的，组织活动的目标就是管理的目标，而管理是服务于组织目标的。

第二，管理活动是通过一系列相互关联的资源要素所进行的，管理工作指的是借助组织中的资源，并对其进行科学的组织、安排，从而实现组织活动目标。

为此，我们又将活动目的的实现看作是管理的基本职能。

第三，从管理本身来讲，管理活动应该按照自己的规律进行，但是，现实管理活动中的资源并不是孤立存在的，管理工作的开展需要依托一定的环境条件。从某种意义上来讲，管理是一种社会性活动，一个有效的管理要充分考虑组织所处的特定环境。

"一般管理理论"最早诞生在法国。当泰勒及其追随者正在美国研究和倡导生产作业现场的科学管理原理和方法的时候，大西洋彼岸的法国已诞生了组织管理理论，被后人称为"一般管理理论"或者"组织管理理论"。与泰勒主要研究基层作业的管理理论不同的是，"一般管理理论"是站在高层管理者的角度研究组织管理问题，在此基础上，现代管理理论的研究快速发展，形成了许多管理的经典理论和理论体系。[①] 根据研究管理的对象不同，可分为广义的管理和狭义的管理。广义的管理可以是针对大自然中万物的管理。狭义的管理只是针对某项具体活动，以及这些活动中的资源所进行的计划、组织、领导、把控。一般我们研究的管理是指狭义的管理，是指组织管理、行为管理、活动管理。活动的结果，实际上是人的能动性结果，管理的实质是人，是管理者与被管理者之间发生的矛盾的解决。既然这样，那么，管理就是管理者、被管理者、事项三方形成的特定活动。对于管理的分类，现代管理一般可以从多个方面来进行划分。一是根据活动的规模与大小可以分为宏观管理和微观管理，二是根据具体的活动内容可以分为综合管理和专项管理。另外，从管理的形式上，又可以分为紧密管理和松散管理。当然，这些区分也只是相对的。

二、高等教育管理的具体概念

通常情况下，人们认为高等教育管理是建立在高等教育目的以及高等教育发展规律的基础上，通过调节高等教育资源以及高等教育中的各种关系，然后进行有组织、有计划的活动，从而达到高等教育的目标。

从教育管理的层面上讲，高等教育是中等教育基础之上的教育。因此，它是指高等教育这一特殊的专业层面上的管理。

---

① 亨利·法约尔.工业管理与一般管理［M］.王莲乔，吕衍，胡苏云，译.成都：四川人民出版社，2017.

从管理的分类上讲，也可以分为宏观高等教育管理和微观高等教育管理。从管理的内容上讲，可以分为宏观高等教育管理中的战略规划管理、宏观调控管理，微观高等教育管理中的教育组织内部的、具体的教育管理活动。

从定义分析，高等教育管理具有以下三层含义：

（一）高等教育管理的依据

从上述的概念中我们不难发现，高等教育管理活动的开展需要依据高等教育的目的以及高等教育的发展规律。高等教育的目的是为社会提供各级各类的高级专门人才，各级各类高级专门人才的教育是指在类别上为普通高等教育、成人高等教育，在性质上为公办高等教育、民办高等教育，在层次上为专科教育、本科教育、研究生教育。这些教育的目的和目标是管理的根本依据。同时，高等教育在发展过程中又受学生身心发展的影响。在高等教育发展过程中，通过开展德育、美育、体育等教学活动，促进人的全面发展。只有把人作为社会关系的总和来看待，才能对人的发展有全面的理解。因此，各级各类教育过程中有其自身的客观内在规律。我们只有充分认识这些客观规律，才能提升高校教育管理的科学性。从某种意义上讲，高等教育的发展受经济、文化的影响。与此同时，高等教育发展也为经济、文化服务。正是在这种情况下，一个国家的经济、科学技术水平、社会制度以及文化等方面的发展会深受高等教育的影响。此外，不管是制定高等教育发展的政策，还是培养高等教育人才，都应当严格遵循高等教育的目的以及高等教育发展的客观规律，这也是高等教育管理的基本出发点。

（二）高等教育管理的任务

从高等教育管理的定义上来看，我们可以清楚地了解高等教育管理的任务，即有计划、有目的地调节高校内外的各种关系和教育资源，从而适应高等教育的发展规律。从一个国家或者地区来讲，高等教育系统是国家或者地区社会系统中的一个子系统；从高等教育组织系统来讲，高等学校也是一个社会子系统。我们在开展高等教育的过程中，要从宏观的角度系统地设计各个要素之间、学校系统与外部环境之间、整体与部分之间的关系，并在此基础上运用科学合理的管理方法实现要素间的优化。

（三）高等教育管理的目的

从高等教育管理的概念上，我们也可以发现高等教育管理的目的，即实现高等教育系统目标。高等教育管理的目的最终也只是高等教育目的的一种辅助性（工具性）目的。从根本上来讲，高等教育系统的目的是培养人。为此，高等教育管理工作的开展要紧紧围绕这一点。对高等教育系统中各种关系和资源的协调构成了高等教育管理的目的，其目的是通过有效的管理来实现高等教育。所以，高等教育管理是一种手段。当然，由于高等教育管理有其自身的需要，其自身也有目的，如效率就是管理的目的，但它是通过有效的管理来保证高等教育目的有效实现的。

综上所述，不论是宏观的高等教育管理，还是微观的高等教育管理，都要充分贯彻国家的教育方针，同时也要充分考虑高等教育的基本规律，以及社会、经济、文化环境。除此之外，高等教育管理工作的开展还要充分保证高等教育人才培养质量，促进高等教育的可持续发展。

第二节　高校教育管理的内容及本质

一、高校教育管理内容体系

做好教育管理，提升管理质量，其核心在于管理者清楚要管理的内容、重点管理的内容以及如何能够管理好。教育管理本身是一个整体，教育管理内容体系是从多元化角度出发进行体系框架的表现。就教学管理及业务科学体系而言，可以归纳成为四项，分别是教学计划管理、教学运行管理、行政管理、质量管理与评价。本节立足教育宏观视角对教育管理内容体系进行阐述，后文还会立足高校教学具体实践，对教学管理内容加以详细论述。

（一）教学计划管理

人才培养方案是高校为了提升教育教学质量、确保人才培养的关键性文件，是安排高校教学活动、设置教学任务、确定教学编制的依据所在。教学计划是在教育部宏观指导之下，由学校组织专家自主制订完成的。所以，高校拥有很高的自主权。教学计划在确定之后必须全面贯彻落实。教学计划管理核心在于合理设计人才培养蓝图，要求高校在企业中注入极大精力，开展基本调查研究。尤其是在获知新的教育观点、教学内容、培养模式等方面，需要对高校本学科专业的学术教学带头人、骨干教师先进行课程结构体系的研究。只有保证课程结构体系的优化与全面，将人才培养的总体规划进行有效定位，才能够为优秀毕业生的培育奠定坚实基础。其中特别要注意，在制订了教学计划后，必须严格贯彻执行，切忌随意打乱。

（二）教学运行管理

教学管理基本在于利用规范化管理确保高校教育教学活动顺利有序的运转，提升高校教学水平。教学运行管理是围绕教学计划落实开展的教学过程与有关辅助工作的组织管理。教学过程指的是学生受教师引导下的认知过程，也是学生接受教学活动的方式，收获综合发展能力的过程。高校教学过程在组织管理方面的特征有以下几点：第一，大学生学习自主性与探究性特征明显；第二，是对基础学科教育根基上的专业教育拓展；第三，教学科研不断整合。以这些特点作为重要根据，教学过程组织管理，特别要做好课程大纲的设置，设计组织管理内容、程序、规范要求等，以便对教学过程进行检验。

（三）行政管理

教学行政管理是高校、二级学院、教学系部等教学管理部门结合教育规律与学校规章行使管理方面的职权，对教学活动与有关辅助工作实施科学化组织、指挥、协调调度，确保高校教学稳定持续运转的协调过程。

（四）质量管理与评价

教学质量这个概念具有很强的综合性。判断教学质量水平指标应涵盖教学、学习与管理质量的综合性指标，这样才能够得到客观准确的评估。教学质量是渐进累积的产物，是动态与静态管理整合形成的，所以要关注动态与过程管理，实现过程与结果的统一。革新高校教育思想、提升高校教学水平是做好教学质量管理的基础和前提。要做好质量监控，设计全程质量管理，构建与高校校情相适应的质量监控体系与运行机制，首先，应对质量监控概念、要素、组织体系等进行梳理，认真研究质量监控与保障的全部有关问题；其次，高校要积极构建科学化与可操作性强的质量管理模式。

二、高校教育管理的本质

从本质角度进行分析，教育管理是在高等学校系统中，以教学子系统为研究的管理对象，组织应用有限资源，科学安排教学过程，优化资源配置，提升高校教学效益。

三、高校教育管理的组织系统

教育管理组织系统是教育管理群体为共同目标的达成，利用权责分配、层级统属关系与团队精神构成的可以实现自我发展与调节的社会系统，用于解决管理与如何管理的问题。管理体制是指组织机构安排，隶属关系与权责规划等组织制度体系化建设。要想充分发挥教育管理组织功能，就要从根本上优化管理体制，促进组织结构的科学合理建设。管理系统属于结构性关系组织，是组织成员借此行为关系构成的一个行为系统，还是一个随时代变迁而调整适应的生态化组织，更是成员角色关系网。教育管理组织建设的根本目的是构建全面科学的教学管理系统，构建质量管理系统与运行机制，更好地为高校广大师生以及教育教学工作提供助力。教学管理系统关注的是过程管理纵向系列与横向系列整合。纵向系列指高校、二级学院（部）、教学系部和教研室，横向系列有教务部门、科研部门、学生管理部门、人事部门、政工部门、后勤保障部门等。要促进教育目标的达成，培育出更多优秀人才，必须确保两个系列进行有效协调。

高校要构建教育管理组织系统，保证该系统工作可以在高校中顺利高效地开展，灵活创新地运行，一定要打造高素质的教育管理队伍，明确机构设置，确定岗位责任。

第三节 高校教育管理的理念与原则

管理是一门科学，高校教育管理也是一个由系列管理活动按一定顺序结合而成的系统组织过程。遵循恰当的理念和原则，对于确保高校教育管理工作的方向，实现管理质量与效率的最大化具有重要意义。

一、高校教育管理的理念

高校教育管理的基本理念是对高校教育管理规律的认识和对实践经验的高度概括，是高校教育管理必须遵循的基本指导思想。教育部2005年颁布的《普通高等学校学生管理规定》明确指出："高等学校要以培养人才为中心，按照国家教育方针，遵循教育规律，不断提高教育质量；要依法治校，从严管理，健全和完善管理制度，规范管理行为；要将管理与加强教育相结合，不断提高管理水平，努力培养社会主义合格建设者和可靠接班人。"[1] 因此，高校教育管理应该坚持人本管理、管理育人、科学管理、依法管理的基本理念。

（一）人本管理的理念

理性化和人性化一直是管理发展中的两条重要线索。"科学管理之父"泰罗及其科学管理理论是理性主义的典型代表，并长期居于管理思想的主流。20世纪二三十年代以来，随着"人际关系理论""行为科学"的发展，人文主义逐渐占据管理思想的重要地位，人性和个人价值得到普遍认同。人本管理的思想要求在管理活动中始终把人放在中心位置。在方法上，着眼于所有成员积极性发挥和人力资源的优化配置；在目的上，追求人的全面发展以及由此带来的效益最优化。

在高校教学管理工作开展过程中，人本管理理念就是要将学生作为管理的中心，从学生出发，同时在高校教学管理工作开展过程中树立现代化的学生观，充分尊重学生在教学中的主体地位作用，开展多样化的评价活动，将促进学生的个

---

[1] 化重, 李静. 论《普通高等学校学生管理规定》修订的"标新"与"立异"[J]. 教育观察, 2020, 9（29）：78-80.

性发展和全面发展有机结合起来。在高校教学管理实际工作开展过程中，我们务必要看到学生之间的差异性，将促进每个学生的成长作为教学管理工作的重心，真正做到尊重、理解、关爱学生。

第一，尊重学生主体需求，促进学生成长成才。我们在开展高校教育管理工作时，应认真区分不同类型、不同层次学生的特点以及需求，并针对学生的实际情况，开展分层教学，在学生成长的不同阶段采用不同的管理方式，帮助学生成长与发展。因此，高校教育管理工作必须从学生的需求出发，把工作的需求与学生的成长成才需求紧密结合，把学生的当前需求与长远需求紧密结合，把学生个人的需求与群体的需求紧密结合，把表面的物质需求与深层次的精神需求紧密结合，努力培养德才兼备、品学兼优、知行合一的社会主义建设者和可靠接班人。

第二，体现学生的主体参与，实现学生的自主发展。充分发挥学生的主体作用，引导学生参与管理实践，使学生成为管理的主人。学生参与管理的主要平台有学生会、班委会、团支部、社团联合会等学生组织，可以通过学生干部定期换届等方式，努力让每个学生都有机会参与管理。在就业管理、安全管理、资助管理等工作中，也要充分调动学生的积极性，引导学生参与相关政策的制定和实施，真正实现管理依靠学生。

第三，实行民主管理。推行民主管理，尊重学生的主动性和首创性是人本理念的重要体现。因此，不仅要增强管理者和学生的民主管理意识，更要完善民主选举、民主决策、民主监督等民主管理运行机制，畅通民主管理渠道。

（二）服务育人的理念

高校教育管理说到底就是为大学生的全面发展和健康成长服务，而不仅仅是为了"管"学生，更不能把学生仅看作管理的对象。只有树立了管理就是服务、管理就是育人的理念，才能从根本上转变高校教育管理的态度、思路、方法和作风。《中共中央、国务院关于加强和改进大学生思想政治教育的意见》明确指出，高校加强和改进大学生思想政治教育是教书育人、管理育人、服务育人相统一的系统工程。要"坚持教育与管理相结合"，要"从严治教，加强管理"，要"建立健全与大学生成长成才相适应的管理制度体系"。[1] 为此，我们要时刻将思想政治教育融入高校教育管理工作之中，并在此基础上构建自律与他律、激励与约束的教育机制。

第一，强化服务意识，解决学生实际问题。高校教育管理工作的开展要始终围绕学生进行，为此会涉及学生的诸多利益，如学业问题、就业问题、心理问题等。所以，我们在开展高校教育管理工作过程中，要切实帮助学生解决这些方面的问题，让学生感受到温暖与关怀，从而为学生接受教育管理者的教育内容与教育方式打下基础。在解决实际问题的过程中，既办实事又讲道理，坚持管理与教育的结合，做到既关心人、帮助人，又教育人、引导人。

第二，重视学生情感因素，做到制度刚性与管理弹性的有机结合。人是有感情的，而学生管理工作的核心是管理人。为此，在开展教育管理工作中，我们要重视学生的情感因素，无论是再先进的教育手段，都无法取代人与人之间的情感交流。在情感作用下，管理者和学生之间的距离会逐渐拉近，也会在无形中提升管理效果，激发学生的积极性和主动性。所以，在高校教育管理工作中，我们要结合学生的实际情况，采用学生最容易理解和接受的方式来实现管理。这样才能让学生乐于接受制度规范要求，主动地内化为自己的行为准则，从而形成良好的行为习惯和品质。

第三，营造良好的管理氛围。良好管理氛围的营造对高校教育管理者提出了更高的要求，他们不仅真诚地对待学生，尊重、关心、信任每一个学生，同时还要提升自身的形象，注重形象育人的作用。在实际工作中，我们要逐渐构建全员育人的机制，实现全员育人、全程育人、全方位育人的格局。此外，丰富校园文化建设。从某种意义上讲，良好的校园文化对学生发展具有积极的促进作用，校园文化不仅可以丰富学生的业余生活，同时也可以让学生在这些活动中得到不同程度的锻炼，这对于提升学生的综合素质水平有积极作用。

（三）科学管理的理念

科学管理是 20 世纪初在西方工业国家影响最大、推广最普遍的一种管理思

---

[1] 中共中央、国务院发出《关于进一步加强和改进大学生思想政治教育的意见》[N]. 人民日报，2004-10-15.

想。科学管理的实质在于将实践积累的管理经验加以标准化、系统化、科学化，用科学管理代替经验管理。科学管理的主体思想包括以下三方面：一是提高劳动生产率，这是科学管理的中心问题，是确定各种科学管理原理和方法的基础；二是在管理实践中建立各种明确的规定、条例、标准，使管理科学化、制度化，这是提高工作效率、实现管理效能的关键；三是科学管理不仅在于具体的制度和方法，而且在于重大的精神变革。高校教育管理工作中的科学管理，特征是规范化、制度化和模式化，其价值核心在于提高学生管理的效率，强调建立完备的组织机构、详细的工作计划、严格的规章制度、明晰的职责分工、管理的程序化和采用物质激励，以及纪律约束与强制。在这样的管理模式下，无论是大学生的学习模式、纪律制度，还是大学生的行为准则，都朝着规范化的方向发展。此外，大学生的信息传递、学习生活也朝程序化方向发展，这在一定程度上引导大学生接受正确的价值取向，也有助于提升高校教育管理效能。

第一，要用科学完备的制度规范引导人，尊重不等于放纵，没有规矩不成方圆。养成良好的行为习惯是学生成才的重要维度。为此，要大力加强高校教育管理的制度文化建设，建立科学、人性的高校教育管理体制体系。

第二，要构建平等和谐的师生关系，在师生互动中实现管理的和谐。管理者不应是高高在上的发号施令者，而应是积极的引导者和平等的协商者。管理者要以学生为友，平等地与学生交流，尊重学生的个性，真诚地为学生提供学业指导、生活帮扶和心理辅导。管理者尤其是辅导员老师，要在管理过程中，创造性地展示自己的才华，在与学生交往、交流中实现自己的理想与人生价值，真正做到互为主体、教学相长。

第三，要建立一体化工作体制机制和运行模式。加强学生工作机构的建设，强化其组织协调功能，理顺学生管理系统各部门、各层次、各岗位的职责权限关系，使管理工作与教学工作、课堂内的管理与课堂外的管理、学院与机关、机关各职能部门以及各管理者之间坚持统一标准、统一声音，形成合力，互相促进。

（四）依法管理的理念

从某种意义上讲，高校教育管理工作中的依法管理理念是依法治国在高校中的具体体现。在依法管理的理念下，高校教育管理工作的开展要严格按照法律进行，无论是政策的制定还是政策的实施，都要符合法律的规定，不能做违法的事情。高校教育管理坚持依法管理是高校教育管理自身的发展需求。

第一，要增强法治意识，加强法律知识学习。中华人民共和国成立以来，国家制定了《中华人民共和国教育法》《中华人民共和国高等教育法》《中华人民共和国教师法》等教育法律，国务院还颁布了《中华人民共和国学位条例》《普通高等学校学生管理规定》《教育行政处罚暂行实施办法》等200多部法规、规章，基本形成了以《中华人民共和国教育法》为核心的教育法律法规体系。作为高校教育管理者，不仅自身要认真学习这些法律条文，深刻理解，做到关键问题心中有数、疑难问题随时查询。同时，还要注意引导学生积极学习各种常用的教育法律、法规和规章，了解自己的合法权利、义务，增强依法维权和依法履行义务的意识，养成良好的学法、守法习惯，为学生适应社会、推动国家法治建设夯实基础。

第二，要以法律为准绳，依法制定适用于学校实际的内部具体规章制度。目前，高校教育管理的一般性法律法规已经比较健全，但是不同类型、不同层次、不同地区的高校有着不同的学生管理具体实际问题，需要按照《普通高等学校学生管理规定》等法律法规，制定符合学校实际的内部具体规章制度。

第三，要严格遵守法律法规。要把对学生的规范管理与对学生合法权益的有效维护结合起来，既要严格要求，又要充分尊重和平等对待。尤其在处理违规、违纪学生时，一定要做到事实清楚，证据确凿，正确恰当地使用法律法规，处理程序符合相关法律规定，做到不滥用职权，不越权，不以权谋私，公平公正。

二、高校教育管理的原则

高校教育管理的原则是在高校教育管理过程中遵循的基本准则。德国思想家恩格斯指出："原则不是研究的出发点，而是它的最终结果；这些原则不是被应用于自然界和人类历史，而是从它们中抽象出来的；不是自然界和人类去适应原则，而是原则只有在适合于自然界和历史的情况下才是正确的。"[1]因此，高校教育管

---

[1] 恩格斯.反杜林论［M］.中共中央马克思恩格斯列宁斯大林著作编译局，编译.北京：人民出版社，2015.

理原则的确定，主要依据高校教育管理的内在规律、实践经验，及党的路线、方针、政策。新形势下，高校教育管理主要包括方向性、发展性、激励性和自主性等基本原则。

（一）方向性原则

方向性原则主要涉及高校教育人才培养方向、人才培养类型、人才培养方法等问题。高校教育管理工作是高校育人的重要组成部分，社会主义大学的主要目标是培养合格的社会主义事业建设者和可靠接班人，高校教育管理工作直接影响这一目标的实现。方向性原则是指确定高校教育管理的目标，进行高校教育管理活动，要与高校育人工作的总目标相一致，要与党和国家的教育方针、政策和法律法规中规定的教育目标、管理目标等相一致。方向性原则是高校教育管理中具有决定意义的基本原则。只有坚持这一原则，才能促进高校教育管理沿着高等教育育人工作的总目标发展，才能保证高校教育管理的正确方向，才能有利于培养全面发展的社会主义事业建设者和接班人。坚持方向性原则是由高校教育管理的社会属性决定的，也是我国高校教育管理历史经验的总结。

高校教育管理中坚持方向性原则，关键需要做到以下三点：

1.增强管理者的政治意识

高校教育管理是具有鲜明的政治方向、价值导向的。任何社会的高校教育管理都是为一定社会、阶级服务的。不同社会的高校教育管理目的、理念、任务、方式和方法等是有着显著差异的。因此，体现高校教育管理的方向性，首要的问题就是增强管理者本人的政治意识，促进管理者有意识地在管理过程中思考管理的政治方向和价值导向。管理者要把方向性要求贯穿在高校教育管理全过程和具体的活动中。引导广大学生积极投身中国式现代化建设，在为祖国、为人民的不懈奋斗中实现自己的人生价值。

2.以制度的合法性体现管理的政治导向性

坚持方向性原则，就必须自觉接受中国共产党的领导，其核心是坚决贯彻党的路线、方针、政策。学校的各项制度就是贯彻党的基本理论和路线、方针、政策的主要载体，是一定社会政治方向、价值导向等的具体体现。因此，学校层面制定的各类高校教育管理相关制度，要遵守宪法，与国家的法律、法规相一致。通过合法制度来保障高校教育管理的方向性。要注重把方向性原则融入制度建设和执行的全过程，使学生坚定社会主义的理想信念，在实践中成长成才。

3. 高校教育管理目标要紧随时代的变化

高校教育管理的方向性原则，不仅体现在政治方向，同时也体现在高校教育管理工作是否可以为国家中心任务而服务。众所周知，在不同的历史时期，党和国家的任务也有所不同，为此，对人才的需求也会有所不同。所以，高校教育管理工作的目标要紧随时代的变化而变化，创新管理模式，为党和国家的发展事业培养出更多优秀的人才。目前，发展是时代主题，经济建设是党和国家的中心任务，要根据这一中心任务制定具体的高校教育管理目标。

（二）发展性原则

高校教育管理坚持发展性原则，包括以下两方面：一是管理工作本身要不断发展，二是通过管理促进学生的全面发展。从管理工作本身来看，随着我国政治、经济、文化的不断发展，社会生活发生了复杂而深刻的变化，高校教育管理工作的形势、环境、对象、任务也发生了深刻的变化，这就要求管理的体制、机制不断变化，管理方式、目标、途径及时调整，以确保高校教育管理工作的实效。

通过管理促进学生全面发展，关键是要做到以下三点：

1. 要树立发展意识

思想是行动的先导，有什么样的发展理念，就会有与之相应的管理方式和结果。高校教育管理要有意识地把学生全面发展作为管理活动的前提。在高校教育管理中，应牢固树立促进学生全面发展的责任感和紧迫感，打破思维定式，以新的发展观念指导管理决策，制订管理计划，谋划学生的全面发展。

2. 要不断推动管理创新

通过管理促进学生全面发展，需要注重管理本身的发展，而管理的发展实际上是创新。服务于学生全面发展的管理创新就是在遵循高校教育管理规律基础上，与时俱进，坚持继承与创新相结合，创造性地开展工作，促进学生全面成长和成才。目前，高校教育管理的机制、途径、方法与载体都是在过去的环境条件下产生和发展的。但是随着社会经济的迅速发展，高校教育管理工作面临着新环境，大学生在观念上呈现出多元化特点。为此，创新高校教育管理工作成为时代和社会赋予的重任。

3. 要统筹各方面的资源

一直以来，我们在高校管理的实践工作中都强调高校学生管理包括管理学生和服务学生两大方面。实践证明，把职业生涯规划、生活帮扶、大学生就业指导、心理辅导等贯穿管理始终更易于发挥学生的主观能动性、激发学生的创造性，从而促进学生的全面发展。要理顺学校各管理部门的关系，通过部门间的相互协调，相互促进，从而将组织内部各个要素联结成一个有机整体，使人、财、物、信息、资源等得以最佳配置，形成促进学生全面发展的合力。

（三）激励性原则

激励性原则是指高校教育管理中利用一定的物质手段或精神手段，引导学生思想行为的变化，调动学生的积极性、创造性，使学生的潜能得到最大限度的发挥，从而实现管理目标的基本准则。在高校教育管理中，恰当运用激励性原则，将使管理活动更易于被学生接受，更好地实现管理的目标。

激励的效果取决于在激励过程中采取的手段、方式能否契合大学生的发展实际、能否满足大学生的需要、能否在大学生内心形成自我激励的内在动力等。因此，在高校教育管理中贯彻激励性原则，需要做到以下三方面：

1. 运用正向激励手段

高校在学生管理过程中，科学、合理地运用激励机制，有助于调动大学生的能动性和创造性，改变大学生的观念、行为。正向的激励主要有两种。一种是物质上的，物质利益的需求和满足是人生存和发展的一个必备条件。对学生进行一定的物质激励，有助于调动学生的积极性、主动性。另一种是精神上的，主要指通过各种形式的表扬，给予一定的荣誉。正向的激励有助于学生将外部的推动力量转化为自我奋斗的动力，充分发挥自身潜能，从而有效地激励学生成长和成才。在高校教育管理中，要协调好物质激励和精神激励的关系，依据学生的实际采取相应的激励手段，确保管理效果。

2. 在管理中树立榜样

榜样使人有目标，有方向。因此，要善于树立榜样，培养榜样，宣传榜样，并鼓励学生学习榜样、争做榜样、成为榜样。

3. 采取情感激发的方式

情感是人格发展的诱因，是青年追求美好生活的动力。要确保管理目标的实现，一般都要有感情的催化。当管理者与学生平等对待、敞开心扉、相处愉快时，管理活动就比较容易开展；当双方针锋相对、互不理解时，学生会产生抵触情绪，管理效果就会打折扣。因此，管理者不仅要以制度约束人，而且要以真情感染人，注重沟通，消除疑虑，用欣赏的眼光去看待学生，使每一个学生的人格得到尊重、需求得以满足、困惑得以解决、特长得以发挥。

（四）自主性原则

自主性原则是指高校在进行高校教育管理时，让大学生自觉参与高校教育管理中，同时调动大学生的积极性和创造性，实现大学生的自我管理与服务。

高校教育管理遵循自主性原则是由两方面决定的。一方面有利于育人目标的实现。管理的目标是育人，这就要求将外在的行为规范转化为内在的思想观念，从而支配管理对象的行为。如果不调动学生的主观能动性，学生就难于接受管理，管理的实效性就难以发挥。另一方面有利于满足学生自主管理的现实需求。随着我国社会主义市场经济体制的不断完善，高等教育逐步走向经济社会发展的前沿，市场经济的自主、平等、竞争、法治精神对高校师生的影响不断深化，大学生自主意识不断增强。大学生渴望在各项事务管理中充当主角，自己管理自己，充分发挥主观能动性，实现自我管理、自我服务。

高校教育管理中坚持自主性原则要做到以下三点：

1. 唤醒学生的自主管理意识

在高校教育管理过程中，要营造轻松、愉快、快乐的氛围，使学生的自主需求得到充分尊重。同时，要使学生体会自主管理的成就感，享受自主管理收获的成果。

2. 打造学生自主管理的平台

辅导员要抓好以班委会、团支部、学生会等学生组织为载体的自主管理平台，增强凝聚力、吸引力，建立定期流动机制和激励机制，充分保证学生广泛地参与自主管理活动。作为辅导员，要敢于充分"放权"，敢于把高校教育管理工作交给学生，实现学生的自我管理、自我服务。

3.加强对学生自主管理的指导

自主管理不等于放任自流，必须加强自主管理的指导，才能保证管理的方向和实效。怎样才能保证管理的方向和实效呢？有以下四方面的内涵：明确方向，定准目标，告诉学生工作要达到的程度和要取得的效果定好标准；明确思路，告诉学生怎样开展工作、做好监督；对学生任务执行情况进行跟踪观察，时刻关注工作进展情况；及时反馈，帮助学生及时调整方向，确保学生工作在正确的轨道上进行。

第四节 高校教育管理的发展与创新

高校教育管理是随着高等教育的发展而发展的。在对高校教育管理历史考察的基础上，总结高校教育管理的基本经验，注重把握当代高校教育管理新情况和新趋势，并进一步创新高校教育管理的实现路径。

一、高校教育管理的发展

准确把握高校教育管理的发展脉络，离不开对高校教育管理的历史考察。在了解高校教育管理发展历程的基础上，进行历史经验的总结，有助于我们进一步深刻认识和分析当代高校教育管理的新发展。

（一）高校教育管理的历史考察

高校教育管理是随着高等教育的发展而发展的。中国共产党自成立以来，一直在不断地探索中国教育的道路。经历了从新民主主义革命时期党领导下的革命根据地教育，到中华人民共和国成立开始建立具有中国特色社会主义教育体系的探索历程。在此期间，党领导下的高等教育从无到有，不断发展，取得了丰硕成果。相应地，对学生的教育和管理也不断地发展和成熟起来。

1.民主革命时期的高校教育管理

民主革命时期高等教育的主要形式是培养高级和中级干部的学校。这一时期的学生管理对象主要是在职干部和投身于革命的青年，目的是培养有坚强战斗力和领导能力的革命力量。在高级干部学校和中层干部学校中，较有影响的学校有马克思主义大学、红军大学、中国人民抗日军事政治大学、华北联合大学等。其中，中国人民抗日军事政治大学（以下简称"抗大"）是干部学校教育和管理的典型。"抗大"通过多种途径对学生进行政治思想教育和管理工作，深入工农群众，向工农学习，向实践学习，严格组织纪律要求，完善管理规章制度。这一时期的高等教育形成和积累了教育管理为政治服务、与生产劳动紧密结合、走群众路线等一系列的教育管理体系和经验，为高校学生管理打下了坚实的理论和实践基础。

2. 中华人民共和国成立初期的高校教育管理

中华人民共和国成立初期的教育承担着接管旧教育、建设新教育的全新任务。与这一时期的总任务相适应，高校初步建立了学生管理工作机制。这一阶段的高校学生管理对象由中华人民共和国成立前的以干部和革命青年为主，向中华人民共和国成立后的以工农劳动人民为主转变，管理的对象从年龄、层次和文化水平上都有较大的变化，管理的任务和目标也随着新高等教育的建立逐渐完善，旨在培养符合国家建设的合格人才。《中国人民政治协商会议共同纲领》规定："中华人民共和国的文化教育为新民主主义的，即民族的、科学的、大众的文化教育。人民政府的文化教育工作，应以提高人民文化水平，培养国家建设人才，肃清封建的、买办的、法西斯主义的思想，发展为人民服务的思想为主要任务。"[①] 这一阶段的学生管理工作主要体现在以下几方面：一是接管和改造旧学校，掌握学校的领导权。在高校建立党的各级组织和青年团组织，管理和引导各类学生组织，各高校形成党委统一领导的学生教育管理体系。二是让苏联专家参与高校教育管理工作，同时引进苏联高校教育模式对学生进行管理。三是加强制度建设，完善学生管理各项规章制度，探索适合本国国情的学生管理模式。四是组织 1951 年开始的"三反""五反"等运动，以及 1960 年贯彻"八字"方针，即"调整、巩固、充实、提高"的要求，不断改进和加强学生管理工作。1949—1966 年中华人

① 中国人民政治协商会议共同纲领 [J]. 江西政报 ,1949(03)：16—20.

民共和国成立初期 17 年的教育和管理历程，为探索建设中国特色社会主义的教育积累了许多丰富的理论和实践经验。学生管理工作应坚持党的领导，坚持社会主义方向，坚持知识分子与工农相结合，脑力劳动与体力劳动相结合。以教学为主，在管理中有机地促进教学、科研和生产的"三结合"，师生参加生产劳动和社会活动必须有所限制，进行相应的配套管理。管理要根据学生的实际特点，做好不同年龄、层次和水平的学生管理工作。党团组织要善于团结群众，建立同志式的良好师生关系等。

3. 改革开放以后的高校教育管理

进入改革开放时期，我国高校学生管理工作得以恢复和发展，大体经历了以下三个发展阶段：

第一，逐步恢复高校正常的学生管理阶段（1978—1985 年）。这一时期开始的关于真理标准的大讨论和党的十一届三中全会的召开极大地解放和鼓舞了教育界。"解放思想，实事求是"思想路线的重新确立与党和国家工作重心的转移成为这一时期高校教育管理重要的历史背景。

第二，适应现代化建设和高等教育改革发展要求，进一步规范和完善高校教育管理阶段（1986—2003 年）。党的十四大明确提出建设社会主义市场经济体制目标，要求加快改革开放和现代化建设。与此同时，随着科学技术的飞速发展，国际竞争的日趋激烈，教育必然要承担起培养创新人才和推动民族复兴的重任。

第三，以科学发展观为指导，高校教育管理迈向科学化、法治化发展的新阶段（2004—2017 年）。

（二）高校教育管理的历史经验

高校教育管理的实践，特别是改革开放以来的探索，为高校教育管理积累了基本经验。概括地说，主要包括以下几方面：

第一，遵循国家教育方针，确保高校教育管理的正确方向。国家教育方针主要指的是在一定的历史时期内，国家为了实现基本的教育任务，保障教育路线的正确性，对全国教育工作制定的指导方针。国家教育方针规定了我国教育的总方向和培养目标，它集中体现了中国共产党对教育工作的直接领导，坚持教育为社会主义服务、为人民服务的路线，将教育与生产劳动有机结合起来，培养德智体美全面发展且符合社会主义事业建设需求的人才。高校一切工作都要紧紧围绕国家教育方针来进行。高校教育管理作为一种高校工作管理手段，是为国家的教育方针服务的，是为培养德智体美全面发展的社会主义建设者和接班人服务的。实践证明，高校教育管理一旦脱离了国家教育方针，就会迷失方向，就会偏离轨道，就会造成管理工作的混乱和校园失序。高校教育管理工作，必须紧紧围绕我国教育的总方向和培养目标，全面贯彻国家教育方针，为培养社会主义建设者和接班人服务。

第二，发挥育人功能，依据教育规律，科学管理。管理是一门科学。高校教育管理作为管理科学的一个分支，应遵循管理的一般规律，充分发挥其育人功能，科学、有效地进行管理。与一般管理工作不同，高校教育管理的对象是大学生群体，有其特定的指向性。改革开放以来，我国经济快速发展，社会结构发生深刻变化，利益关系和利益格局重新调整。大学生总体上树立了自强意识、创新意识、成才意识、创业意识，因此，在高校教育管理工作中，必须注意把握时代特征，根据大学生的具体特点，依据教育规律，探索高校教育管理工作的科学方法，加强高校教育管理工作的科学性，实现科学管理、有效管理，在管理中培养人和教育人，引导大学生树立正确的世界观、人生观和价值观，使高校教育管理工作既符合大学生的实际状况，又符合国家人才培养的要求。

第三，完善学生管理制度，提高管理水平，依法管理。依法建章、规范管理是现代学生管理必须遵循的原则，是贯彻依法治国、人才强国战略的必然要求。随着高校办学规模的不断扩大和办学层次的不断提高，高等教育由精英化教育阶段步入大众化教育阶段。学校管理作为一种公共权力，其如何行使、怎么行使，日益受到社会各界的广泛关注。同时，随着大学生群体法律意识的增强，学生维权活动增多，客观上要求在高校教育管理工作中，必须依法管理，不断深化管理制度改革，健全管理制度，细化管理流程，在涉及学生切身利益的管理活动中切实保障学生的合法权益。这就必然要求高校在教育管理中根据自身办学层次、办学特色和办学类型不断创新办学管理制度，使之科学化、规范化。在完善学生管理制度的基础上，不断提高管理水平，增强管理能力，做到依法管理。

第四，坚持教育与管理相结合，形成齐抓共管的长效机制。高校教育管理工作涉及大学生在校期间学习和生活的方方面面。从对大学生的学籍管理、课外活动管理到对大学生群体组织管理、安全管理，高校教学、科研，以及行政管理各个部门和各个机构都相应地承担着管理学生的责任。因此，高校教育管理必须坚持教育与管理相结合，发挥高校各个部门和机构间的合力，实现教学和管理部门间的密切合作，形成齐抓共管的长效机制。这就客观地要求各部门间权责明确，分工有序。只有在明确权利和责任的前提下，才能做到全校工作一盘棋，形成齐抓共管的工作局面。坚持教育与管理相结合，形成齐抓共管的长效机制，还必须依靠体制和队伍方面的建设，如有些高校建立了各部门联席会议制度或学生工作领导小组等，有力保障了各职能部门间协调有效地运转和功能的充分发挥，增强了高校教育管理工作的针对性和实效性。

（三）当代高校教育管理的新情况

1.管理环境的新变化

第一，国际、国内环境的变化决定了高校教育管理环境的时代性。首先，随着全球化的推进，我国在政治、经济、文化、教育等诸多领域的国际交流与合作日趋频繁，高等教育国际化进程加速。高校学生管理工作既要考虑吸收国际先进管理经验，又要保持中国高校教育管理的特色。其次，改革开放以来，我国社会发生了深刻的变革，大学生是改革开放成果的受益者。在高等教育从"精英教育"向"大众化教育"转变过程中，越来越多的不同年龄阶段、不同学历层次、不同社会阅历、不同价值追求的人都有机会进入高校进修、学习，高校学生管理对象呈现出多样化的特点，高校教育管理势必相应发生新的变化。最后，随着高等教育法治化进程的不断深入，法治观念逐步得到普及，个人维权意识也不断增强，大学生们不再简单地服从于学校管理，而是需要从学校获得更多的自由和权益保障，权利诉求不断增加。这就要求高校学生管理工作做到"从严管理"与"以人为本"的有机结合。在此背景下，高校教育管理体制革新步伐必须跟上社会进步和形势的发展变化，进一步拓展学生管理工作内容，管理方法和手段必须体现出时代特征。

第二，高校办学模式的变化增加了高校教育管理环境的复杂性。一方面，随着高等教育规模不断扩大和高校后勤社会化的推进，部分高校由单一校区办学变成多校区办学，校园由封闭式变成开放式，部分地区甚至形成大学城。大学生的学习、生活、社交、实践、娱乐等活动都呈现出走出校园、走进社区和走向社会的新趋势。另一方面，在高校学分制和弹性学制的影响下，学生的班级观念也逐渐淡化，学生可以自主选择专业和修业年限，由此形成了灵活多变的听课群。在课堂上，我们可以看到不同班级、不同专业的学生，由此，课堂学生管理的对象也发生了一定的变化，不再局限于本专业的学生。

2. 管理对象的新特点

中共中央、国务院《关于进一步加强和改进大学生思想政治教育的意见》明确指出：从整体上来讲，现阶段大部分大学生的思想是积极的、健康的。但是随着社会主义市场经济的发展以及改革开放的深入开展，社会上出现了各种思潮，同时，大学生思想活动的个性化、独立性、差异性以及多变性逐渐增强，为此，大学生受社会各种思潮的影响也有所增加。

第一，从横向的角度来看，不同类型的大学生受生活背景、知识水平以及理想追求等因素的影响，表现出了明显的个体差异。从党员群体来看，他们是当代青年大学生中的优秀分子，代表着青年的发展方向，是大学生的标兵，是党与大学生紧密联系的桥梁和纽带。他们理想信念坚定、政治意识强、政治认同积极，世界观、人生观、价值观积极向上；热爱祖国、热爱人民，关注国家大事，崇尚良好社会公德且富有正义感、集体荣誉感和团队精神，自主管理能力与帮扶助人意识强。从学习优秀学生群体来看，他们学习目标明确，有强烈的求知欲和探索精神，敢于坚持真理，敢于展开批评，珍惜时间，讲求效率，具有良好的学习习惯，能自觉地遵守学校纪律和公共秩序。

第二，从纵向上看，不同年级的大学生呈现出不同的特点。以本科生为例，从大一年级学生看，他们具有不同程度的考上大学后的自豪感和优越感，对未来大学生活充满期待，自尊心强，参加集体活动热情较高，期望尽快转变角色适应大学生活。从大二年级学生看，他们学习目标逐渐明确，人生理想更加现实化和社会化，主动意识增强，学习意愿强烈，对自我的定位趋于理性。从大三年级学生看，他们人生目标更加现实，学生群体开始逐步分化为保研、考研、就业等群体，且体现出不同特征。准备保研的学生学习更加努力，更加注意收集与保研相关的信息；准备考研的学生则呈现出"三点一线"式的规律性学习；准备就业的学生开始积极准备就业的"敲门砖"，考取各种证书成为热潮，开始密切关注学校和本专业就业情况。从大四年级学生看，上半学期大部分学生都处于紧张状态，准备保研的学生四处奔波，准备考研和就业的学生压力增大。下半学期，除尚未找到工作的学生外，其他学生自由时间增加，社会兼职增多。毕业前夕更是表现出聚会多等特点，毕业生离校教育管理的工作量大大增加。

3. 管理任务的新要求

第一，坚持"育人为本、德育为先"是高校学生管理任务的根本要求。大学生是十分宝贵的人才资源，是民族的希望，是祖国的未来。"培养什么人，如何培养人"成为高校教育管理的一项重大课题。高校必须紧紧抓住"育人"这个中心任务，坚持"高校教育，育人为本，德智体美，德育为先"的原则，从教书育人、服务育人和管理育人入手，坚持理论联系实际，贴近实际、贴近生活、贴近学生。辅导员的职责和教育管理工作的任务主要体现在：一是对学生进行日常思想政治教育工作，做好班级建设与管理工作；二是充分尊重大学生思想政治教育规律，创新大学生管理方法，促进大学生健康成长；三是积极提升自身的工作技能与方法，主动了解大学生思想政治教育理论与方法；四是积极开展对相关工作的调查，认真观察、分析周围工作环境，并针对工作环境的变化调整工作思路与方法；五是善于运用新的工作载体，如网络技术等，在工作中要加强与学生的联系，从实际出发，提升工作的实效性。

第二，一体化运行、专业化发展、个性化服务、信息化促进、法治化保障是当前高校学生管理任务的现实要求。一是学生管理应向教育、管理、咨询和服务拓展，应将高校教育管理的基本任务确立为大学生的群体组织管理、行为管理、安全管理、资助管理、就业管理以及管理的评估。大学生各管理部门应统筹规划、形成合力，实现学生管理工作的一体化运行。二是随着高校教育的发展，其教育管理环境发生了明显的变化，同时教育管理任务也逐渐细化。此外，高校教育管理对象也发生了相应的变化，这就要求高校实施专业化管理道路，只有这样才能提高高校学生管理的效率。三是随着"以人为本"管理理念的深化和当代大学生个性化的凸显，高校教育管理任务必须实现个性化服务。通过富有针对性的学生管理，促使每一名大学生顺利成长、成才。四是网络已成为学生教育管理的重要阵地。这就需要高校学生管理工作既要利用网络加强对学生的教育、管理和服务，形成线上、线下教育和管理的合力，又要充分利用现代网络技术，建立信息化、网络化的学生管理系统，切实提高工作效率，更好地为学生服务。五是法治化已成为新形势下高校教育管理的迫切需求。这就要求学生管理严格遵守国家的法律法规，有法律、有规定的必须按法律和规定办，没有规定的，也必须符合法律的基本原则。高校在制定各项学生管理制度时，应该认真研究国家和地方相关法律条文，注意听取学生意见，防止出现制度本身与法律法规相违背的尴尬问题，增强规章制度的科学性。这样，才能有助于增强学生管理的权威性，才能有助于保障学校的正常秩序。

二、高校教育管理的创新

高校教育管理在其发展的每一个历史时期和发展阶段都需要创造性地发展。当前，做好高校教育管理，必须准确把握当代高校教育管理的新趋势，不断更新对高校教育管理的认识，进而不断创新高校教育管理的实现路径。

（一）当代高校教育管理的新趋势

1.管理过程的规范化

高校教育管理过程主要包括决策、计划、组织和控制四个环节。高校教育管理过程的规范化就是要从以下四个环节入手：

（1）管理决策的规范化

高校教育管理决策是指高校教育管理工作者在掌握充分信息和深刻分析有关情况的基础上，运用科学的方法，从两个以上的可行性方案中选择一个合理方案的分析、判断过程。管理决策的规范化主要包括以下四方面：首先，确定决策的指导原则，即指导管理决策活动的准则。其次，建立专门的决策机构，即有专门的决策机构和承担责任的专职决策人员。专门的决策机构是实现科学决策的组织保证。再次，构建管理决策的民主化机制。随着决策内容的日益复杂、决策速度的不断加快，管理决策越来越趋向民主化，以确保决策的正确性、提高决策的效率。最后，严格遵循决策程序。决策程序从制度上规定了论证、评审和决策的方法与过程，是决策科学化的重要措施。在高校教育管理的决策过程中，既要做好总体决策，又要结合高校教育管理的实际情况做好分段决策。

（2）管理计划的规范化

高校教育管理计划主要指的是为了完成既定的教育目标而结合学校的实际情况制定的具体行动方案。如果想要实现高校教育管理计划的规范化，就要从教育管理教育计划的各个环节做起，确保高校教育管理计划的制订、执行、调整的规范化。首先，在制订高校教育管理计划时，不仅要有规范的信息获取渠道，同时也要有科学的分析方法，还要对教育管理目标进行科学的分解，更要保证高校教育管理计划有效地传达下去。其次，高校教育管理计划执行环节，执行人员不仅要按照既定的计划执行，同时还要具有一定的应变能力，在遇到突发状况时知道如何解决问题。最后，结合高校教育管理计划执行过程中的实际情况，适时调整计划。

（3）管理组织的规范化

我们所说的高校管理组织主要指的是高校学生管理机构以及管理人员为了有效执行高校教育管理计划而成立的组织机构，在机构中设置相应的职位，并有明确的职责划分，从而有效保证组织内部人力、财力、物力的合理配置和利用。具体来讲，高校教育管理组织的规范化主要体现在以下几个方面：第一，高校教育管理组织的建立严格按照高校教育管理目标、高校教育管理内容、高校教育管理特点以及外部环境等因素的要求，如学生就业管理机构、学生资助管理机构等；第二，高校教育管理组织中的职位是严格按照高校教育管理内容设置的，如心理咨询专业人员等；第三，高校教育管理组织机构中的职位及其职责呈清晰化的特点；第四，现阶段的高校教育管理组织机构中的各个方面的关系得到了有效的协调，并形成了一个有机整体。从某种意义上讲，规范化的高校教育管理组织可以使高校教育管理过程中各个人员的责任更加明确，从而确保高校教育管理工作的有序开展。

（4）管理控制的规范化

从某种意义上讲，管理过程是一个动态发展的目标系统，需要经历一定的发展阶段，同时也始终处于变化发展之中，为此它不仅不能一蹴而就，同时也无法一劳永逸，在实际管理过程中需要将规范化的控制融入其中。具体来讲，高校教育管理控制的规范化主要体现在以下几个方面：第一，确定控制标准。现实和预期往往具有一定的差距，确定控制标准就是为实际工作成果与预期工作成果的对比提供一个尺度，这也是实施管理控制的前提。如果在实际管理控制中缺失控制标准，那么管理控制工作也就没有了目的性。第二，衡量偏差。将实际执行情况与标准进行对比，从而对其作出相应的评价，目前主要有统计分析法、直接观察法和例会报告三种形式。第三，纠正偏差。这主要是建立在衡量工作的基础上，根据衡量结果，即偏离程度予以纠正，从而使其与预期目标相符。从以上三个方面我们不难发现，它们构成了管理控制的运行周期，并借助螺旋上升的方式逐渐形成一个完整、规范的控制系统。

2. 管理模式的多样化

高校教育管理模式的多样化是高校根据学生的需要，通过多方参与、协同解决的方式提供相应的公共服务与产品，从而确定高校教育管理对学生负责的公共责任机制。多样化的高校教育管理模式的特点主要有：第一，多样化的高校教育管理是一种互动的过程，形成管理与服务并重的工作方式。第二，多样化的高校教育管理主体之间是相互协作的关系，追求公共责任的实现。

当前，高校教育管理模式呈现多样化的特点。归结起来，常见的管理模式有"目标—关系型""系统—过程型""服务—参与型""中心型"四种类型。但在管理模式的应用中，不能照搬拿来，而是要科学把握管理模式多样化的核心要素（内容、对象、方法），结合各高校实际情况，建立合理有效的管理模式。实现高校教育管理模式的多样化要从以下几方面入手：

（1）管理内容的多样化

构建集管理、教育、咨询和服务于一体的多样化管理。第一，管理也是教育，高校教育管理工作必须坚持管理与教育相结合的原则，发挥制度的引导、约束、规范和教育作用，有意识、有目的、有计划、有组织地促进受教育者的发展。学生日常的教学管理既是一种管理手段，又是一项重要的教育措施。可以通过对课堂、作业、考试、社会实践等的管理，抓好教学管理的各个环节，帮助学生培养和提高综合能力，更好地实现自我价值。管理目的达到了，教育效果就实现了。第二，充分运用咨询的作用，在学生管理过程中采用恰当的方式、方法，对学生进行有针对性的教育和疏导，帮助学生解决生活学习中遇到的问题，为他们答疑解惑，如心理咨询、就业咨询等。第三，加强对学生的服务，要以服务为突破口，将管理与服务二者有机结合起来。

（2）管理对象的多样化

管理对象的多样化在无形中要求高校管理人员充分考虑管理对象的个性化差异，承认他们在生理、情感以及智力等方面的差异。在对大学生的管理过程中，高校应按照年级、年龄、专业等特点，采取差异化管理。一方面，结合大学生的年级特点，在不同的阶段设置不同的管理目标和管理任务，同时也要采用不同的管理方法。通常情况下，大一学生的培养重点在于其适应能力，高校要将教育重点放在养成教育上，当他们具有一定适应能力之后可以有目的地培养他们的学习能力，提升他们的专业知识水平。对于高年级的大学生来讲，应当坚持"以导代管"的原则，提升大学生的自律能力，引导他们进行自我管理，同时还要将教育重点放在实践能力培养上。另一方面，每个学生的特长、兴趣爱好都有所不同，他们未来的发展方向也有所不同，所以，在学生管理中，应充分结合学生的个体差异，开展多层次、多方位的学生管理工作，让每一个学生的个性都能得到充分发展。

（3）管理方法的多样化

高校教育管理方法是指在管理活动中为实现管理目标、保证管理活动顺利进行所采取的工作方式。当下，高校教育管理方法日益成熟，并逐渐形成了一套行之有效的管理方法体系，如法律方法、经济方法、教育方法等。无论是哪种管理方法，都有其独特之处，也有其特定的适用对象，所以，高校教育管理工作开展过程中应结合实际情况，选择合适的管理方法。

3. 管理手段的信息化

管理手段的信息化主要是指利用信息技术来优化学生管理信息的传递和反馈

程序，改变学生管理的组织方式，最终提高学生管理的运行效率。在实际的应用中，管理信息化主要是构建学生管理信息化体系、提供大量的学生信息资源、各种学生管理专用信息系统及其公用通信网络平台等。学生管理手段的信息化主要包括以下几方面：

（1）日常管理的信息化

大学生的日常管理是一项十分具体、繁杂而又细致的工作，主要涉及学生的基本信息、学籍、学业、奖惩等方面的管理，实现日常管理的信息化能够让高校教育管理人员从琐碎的事务处理中超脱出来。首先，学生基本信息管理的信息化。即对学生的基本信息能进行方便、快捷、动态的更新、查询、统计等管理。其次，学籍管理的信息化。学籍管理分为基本档案、学籍档案、学生调班、分班以及退学办理等部分。可以管理学生的基本信息、学籍变动等情况；可以管理学生在校期间的专业调整和班级调整情况；还可以在新生入学时按照相关条件智能分班。再次，学业管理的信息化。学业管理包括学生选课、成绩录入、统计分析和成绩报表查询四个部分。最后，奖惩管理的信息化。奖惩管理主要包括学生奖励、处罚、考勤以及考评等内容，记录学生在校的行为表现。

（2）管理服务的信息化

目前，不断提高服务质量、丰富服务内容、优化服务形式成为管理的一项重要内容。在信息化时代，利用信息化手段积极开展学生就业服务、学生资助服务、心理咨询服务等是当代高校教育管理的必然要求。首先，资助服务的信息化。资助服务的信息化主要包括奖学金、国家贷款、勤工助学三方面的内容，以及完成各项主要工作的计划划拨、申报、审批、发放、查询等功能。其次，就业服务的信息化。就业服务的信息化主要包括毕业生信息、用人单位信息、咨询指导和就业情况统计四大部分。它可以在毕业生和用人单位之间搭建一个桥梁，实现毕业生和用人单位的双向选择，在此基础上，由就业管理部门和辅导员统计学生就业情况。最后，心理咨询服务的信息化。心理咨询服务的信息化主要包括建设网上测试与咨询系统，让学生通过网络测试自己的健康程度，及时地调整自己，平衡心态，同时让受挫折、有心理障碍的学生通过网络接受在线咨询。

（3）思想教育的信息化

随着科学技术特别是信息技术的迅猛发展，高校应积极主动地运用现代科技手段，使正确、积极、健康的思想文化占领网络阵地。一方面，建立融思想性、知识性、趣味性、服务性于一体的主题教育网站或网页，及时宣传国内外重大时事，使思想政治教育的内容不仅"进教材、进课堂"，而且"进校园网"，形成线上、线下思想政治教育的合力；另一方面，开辟网上专栏，组织一支由水平较高的专家学者、德育教师和学生党员组成的骨干队伍，以平等、热情、友善的态度与大学生网民一起对一些热点问题展开讨论、交流，宣传党和国家的方针政策，发布积极健康的信息，倡导爱国主义、集体主义，帮助学生树立正确和科学的世界观、人生观、价值观。

在实现管理手段信息化的过程中，要有相应的配套支持，如管理业务流程、信息化标准、信息化建设队伍等。否则，管理的信息化进程就会遇到许多管理和协调等方面的问题，既发挥不出信息化的高效率特点，也无法对信息化的质量和效果进行客观的评价，信息化建设取得的成果也就无从充分地表现出来。

4. 管理队伍的专业化

管理队伍的专业化，主要指学生管理人员在整个管理生涯中，以学生管理为基础，通过专业训练，习得学生管理的专业知识、技能，实施专业自主，表现专业道德，逐步提高管理水平，成为一个良好的高校学生管理工作者的成长过程。管理队伍的专业化是高校学生管理工作的必然趋势，对于提高高校管理水平和办学效益有十分重要的意义。管理队伍的专业化主要表现在以下几方面：

（1）专业化的职业素养

高校学生管理队伍的专业化具有一般管理队伍的特征，但因为其管理对象的特殊性而表现出具有高校学生管理特征的专业性质。主要体现在：第一，掌握高校学生管理工作的相关专业知识和具有从事高校学生管理工作的专业能力。高校学生管理队伍专业化应掌握的专业知识主要包括系统的科学文化知识，坚实的马克思主义理论及教育理论知识，高等教育管理科学的基础知识，现代管理知识，国家法律及行政法规、政策与规划等方面的知识。高校学生管理工作的专业能力在能力结构方面主要包括语言表达和文字写作能力，教育管理和经营能力，科学研究和创造能力。第二，工作效率高，工作效果好。这是推进高校学生管理队伍专业化的目的所在，同时也是衡量高校学生管理队伍专业化程度高低的一个硬指标。专业的职业技能既不完全等同于知识化，也不完全等同于文凭化，关键在于学生管理者是否掌握并熟练运用高校学生管理专业知识和技能，管理行为是否专业化。专业的职业素养是管理队伍专业化的前提。

（2）专业化的机制保障

完善的管理机制包括专业化的招聘、培训、薪酬和考核机制四个环节。首先，专业化的招聘过程是建设专业化队伍的保障。它可以从源头上保证高校学生管理队伍与管理岗位的匹配度。实现招聘的"最适"原则。根据"冰山模型"理论，高校学生管理队伍的招聘考核，除了"冰山上"的相关专业知识和技能外，"冰山下"应聘者的思想素质、职业道德、工作态度更是考核的重点。其次，专业化的培训是建设专业化队伍的成长保障。高校学生管理队伍的培训是一个系统、复杂的工程，是一项长期性的工作，要始终坚持全员性、全面性、全程性原则。高校应该把学生管理队伍的培训纳入用人体制中，构建相应的培训制度，并落实专人负责管理。例如，辅导员队伍的专业化，实质就是依托专门机构及终身专业训练体系，对辅导员进行科学的管理和培养，使辅导员掌握从事思想政治教育工作的知识和技能，实施专业自主，体现专业道德，提高自身学术地位和社会地位，全面有效地履行辅导员职责的过程。再次，专业化的薪酬体制是建设专业化队伍的动力保障。合理的薪酬体系对高校管理队伍的满意度有积极的影响。高校学生管理队伍的薪酬体系构建可以坚持"对内公平、对外竞争"的原则，结合美国行为科学家弗雷德里克·赫茨伯格的"激励保健理论"，充分发挥薪酬的"保健"效果，尽量消除工作中的不满足因素。最后，科学合理的考评制度是建设专业化队伍的优化保障。公平合理的绩效考核体制对于提高高校管理人员工作积极性有重要的促进作用。绩效考核不仅要建立一套科学合理的考核机制来考核高校管理人员的绩效，还应通过考核，形成相关的绩效反馈机制，进而为实现管理人员绩效的改善提供支持。完善的管理机制是管理队伍专业化的保障。

（3）专业化的机构支撑

健全的组织机构是管理队伍专业化的支撑。没有健全的高校学生管理机构，高校学生管理专业化和高校学生管理队伍专业化的实现就成了"无源之水，无本之木"。同时，组织机构的构架也应相对稳定，只有这样，才利于提高职位的专业化程度。当然，这种稳定性是相对的，稳定并不排斥队伍内部的竞争上岗和定期轮换，更不排斥队伍内部的新陈代谢。因此，应该在高校学生管理的群体组织管理、行为管理、安全管理、资助管理、就业管理等方面设立专业化的部门和队伍，建立健全组织机构，为全面实现管理队伍的专业化提供有力支撑。

（二）高校教育管理创新

1. 高校教育管理创新概述

高校教育管理创新是一个系统工程，既要考虑中国的基本国情，又要结合高校自身实际，既要适应社会发展的需要，与时俱进，又要通盘考虑高等教育的全过程。中国高校教育管理创新以 2004 年《中共中央、国务院关于进一步加强和改进大学生思想政治教育的意见》和 2005 年《普通高等学校学生管理规定》的施行为主要标志，以政策创新为先导，有力地推动了实践创新和理论研究创新。

第一，政策创新方面，《中共中央、国务院关于进一步加强和改进大学生思想政治教育的意见》提出了加强和改进大学生思想政治教育的六条原则。其中第五条明确指出："坚持教育与管理相结合。把思想政治教育融入学校管理之中，建立长效工作机制，使自律与他律、激励与约束有机地结合起来，有效地引导大学生的思想和行为。"[1] 在其指导下，高校教育管理工作更加有效地应对了高等教育体制改革、高校规模扩大、高校后勤社会化、互联网普及带来的新情况，推动了新一轮高校教育管理的政策创新。

第二，实践创新方面，全国高校以贯彻、落实学生管理新政策为契机，在实际工作中进一步解放了思想，更新了观念，不但确立起全新的高校教育管理理念，而且形成了全新的高校教育管理的原则和模式。在管理原则方面，全国高校普遍确立起三条基本原则。一是始终坚持以人为本的学生管理指导思想和原则。《普通高等学校学生管理规定》是一个完整的制度体系，一条主线就是育人为本，以

---

① 中共中央、国务院发出《关于进一步加强和改进大学生思想政治教育的意见》[N]. 人民日报，2004-10-15.

最大限度地发挥学校教育功能为根本目的和出发点，通过管理育人、服务育人、制度育人的管理形式，全面贯彻国家教育方针，把维护、保障和发展学生权利作为学生管理的最高价值取向，努力促进学生的全面发展，从而顺利完成高等学校人才培养的使命。在高校，以人为本，就是以学生为本。管理只是手段，绝不是最终目的，最终的目的在于培养学生。在管理过程中应充分尊重和肯定学生的主体作用，充分信任学生的智慧和潜能，充分激发学生的能动性和创造性，真正做到以学生为本，以育人为本。二是始终坚持依法治校、依法管理的学生管理原则。《普通高等学校管理规定》坚持并遵循了依法治教、依法建章、依法管理的基本原则，严格依据国家基本法律法规建章立制，充分体现了与《中华人民共和国教育法》《中华人民共和国高等教育法》等有关上位法的承接性关系，具有时代性、创新性、合法性和规范性的制度创新特征，体现了科学化、法治化、人性化和个性化的现代学生管理的总体趋势，并且充分实现了在新形势下对上位法的细化、深化和发展，充分体现了依法治校、依规则规程行事的精神实质。三是始终坚持理论联系实际、实事求是的学生管理原则。在深刻领会《中华人民共和国教育部令（第 21 号）》精神实质的基础上，全国各个高校正确分析和判断本校学生管理工作及制度建设的实际状况，准确定位本校学生管理工作及制度建设的目标，扬长避短，突出特色，形成个性，充分发挥学校优势，努力形成既有共性特征又有个性特点的、充满生机活力的现代高校学生管理制度。各高校在制定管理规定过程中实事求是，根据本校的具体情况，依据本校的办学目标来制定管理规定，既不盲目攀比，也不千篇一律。在管理模式方面，全国形成了依法推动管理创新的新趋势。很多高校对本校的学生管理规定进行了精益求精的修改，做到贯彻文件精神而不是照抄内容，从法学专业视角对相关管理文件的语言表述做了调整，把最不易被关注的细节都进行了修订。总体上来看，各个学校新制定的学生管理规定都突出强调了管理制度的育人功能，使教书育人的行为规范内化为各个条例的自觉要求，实现了行为规范与管理制度创新的"无缝对接"。全国高校实现了以观念创新推动制度创新的工作目标。很多学校在加强学生管理过程中，遵循权利义务、权力救济、形式合理、公平正义、权力制约、普遍奉行六个观念，摒弃工具主义和处罚学生两个观念，有力地推动了制度创新。

第三，理论创新方面，以政策创新为先导，高校教育管理研究拓展了研究视域，充实了研究内容。主要研究成果集中在三方面：一是在以人为本的管理理念指引下，一大批理论文章从教育的本质是培养人的活动入手，重新界定高校教育管理过程主体与客体的关系，深入探讨高校教育管理工作的新理念问题，提出了以学生为本，尊重学生，培养学生，切实关心学生成长、成才，推动学生从他律走向自律，逐步实现自我管理的理论观点；二是将依法治国的基本理念引入高校教育管理领域，把"法治"作为高校教育管理的重要手段，论述了依法管理大学生的必要性和重要性，提出了依法管理学生的理论观点；三是加强高校教育管理队伍建设的理论研究，探讨了高校教育管理工作队伍的发展趋势，普遍认为专业化是加强和改进高校教育管理队伍建设的必由之路。随着研究的不断深入，高校教育管理理论研究已涉及管理理念、管理对象、管理模式、管理体制、管理队伍、比较研究等多个层面，高校教育管理理论已见雏形，理论创新与实践创新有效互动，整体上推动了高校教育管理工作水平的提升。

2.高校教育管理创新的路径

高校教育管理创新要通过引导学生实现自我管理、探索网络信息化管理以及加强管理队伍建设三条路径来实现。

第一，以学生为本、引导学生实现自我管理，推进高校教育管理创新。没有管理的教育和没有教育的管理都是软弱无力的。教育离不开管理，管理是为了教育。这就是以人为本的大学管理工作的全新辩证法。正是因为高校教育管理工作与人才培养的这种特殊关系，使得高校教育管理创新的路径有别于一般管理工作。它客观上要求用全新的管理理念作为指导。理念是反映对象深层次本质和规律的观念。教育理念是关于教育基本问题的深层次本质和规律的观念，具有理想性、持续性、统合性和范式性的特点。高校教育管理理念要契合科学发展观的价值尺度，追求以人为本的管理。以人为本的实质就是尊重学生的发展特点和规律，尊重学生的人格个性，创建学生思想政治教育的良好环境，建构和谐的师生关系，培养素质全面、个性成长的创新人才。其关键是要正确发挥学生的主体性，尊重学生学习主体需求，使思想政治教育活动忠实于教育本身的内涵，根据不同的学生施以不同的教育，使学生的潜能得到充分的发挥，形成一种积极向上的内在力量。开展高校教育管理工作不是管理人、约束人、控制人，而是创造条件培养人，通过有效的培养发展人。在这种方式中，学生本身既是管理者，又是被管理者。学生在这种角色转换中大大提高了自我管理的积极性，特别是增强了学生的自我约束、自我管制能力，在学习知识的同时锻炼了自己，既"学到了知识"，又"学会了做人"，增强了学生的主体意识和责任感。

第二，运用网络实行信息化管理，推进高校教育管理创新。在创新管理方式、方法和手段的过程中，要注重运用网络实行信息化管理，充分利用现代科学技术手段，针对不同时期高校教育管理发展新情况和新趋势，开发管理平台，整合管理资源，实现网络化、数字化管理。通过网络实现信息化管理，能够使管理方式变封闭式管理为开放式管理，进一步加强管理与思想政治教育的融合，与学分制等学校管理制度的配合，与社会管理的结合。同时，通过网络实现信息化管理，也是促使高校教育管理变单一管理为综合管理，把管理与服务紧密结合起来，以服务促管理的有效途径。在管理方法创新方面，要充分发挥网络虚拟互动平台作用，实现师生有效互动，变说教为参与、变灌输为交流、变命令为引导，创造学生主动参与的全新工作局面。同时，在管理手段创新方面，当前最为重要的是通过网络信息化促进实行法治化的规范管理，建立合理的程序机制。

第三，加强管理队伍建设，推进高校教育管理创新。马克思主义者毛泽东曾经深刻地指出："政治路线确定之后，干部就是决定的因素。"加强学生管理人员队伍建设是确保管理工作顺利开展的重要保障。随着社会形势的变化，高校学生工作也发生了许多变化。学生工作的一些职能转化了，一些职能弱化了，一些职能强化了。学生工作由过去重管理向现在重教育、咨询、服务转化。心理健康教育、就业指导等学生工作职能必须得到强化才能适应形势需要。同时，大学生群体的思想问题和实际问题也更加复杂化、多样化，这就需要管理工作队伍凭借智慧、知识和技能形成"专家化"的本领。因此，从高校教育管理工作的发展趋势来看，高校学生管理工作队伍必须走专业化道路。就当前高校教育管理工作队伍而言，在政治素养、敬业精神、个人品德上是合格、过硬的。因此，需要有专职从事学生管理工作的人，通过专业方式担当起学生管理工作的重任，以工作的专业化带动队伍的专家化。要超常规选拔人才，高起点聚合精英，不拘一格，广纳贤才，培育一支数量足、素质高、业务精、能力强的专业化学生管理工作队伍。

3.高校教育管理创新的内容

（1）突出高校教育管理中的育人功能

高校教育管理不是单纯地为了管理而管理，而是为了实现国家培养人才的目标而服务的。从这个意义上讲，高校教育管理的目的就是培养国家需要的德智体美全面发展的人才，管理目的就是育人。因此，高校教育管理创新的内容，应充分重视育人功能的发挥，突出以育人为目的和指向的管理内容。以育人为目的和指向的管理内容，一方面应体现在高校教育管理过程中的人、财、物等资源配置的方方面面；另一方面更应体现在对大学生进行教务管理、安全管理、行为管理、群体组织管理、就业管理、资助管理等学校各部门分属管理的方方面面。只有在这些方面充分发挥管理中的育人功能，才能实现高校教育管理的创新。这就需要在高校教育管理中处理好管理与思想政治教育的关系，将高校教育管理与思想政治教育有机地结合起来，自觉地遵循教育规律，重视发挥思想政治教育在树立大学生正确的世界观、人生观和价值观方面的作用，实现科学管理和有效管理。

（2）完善高校教育管理中的规章制度

高校教育管理创新只有生成为基本的管理规章制度，长期坚持，不断完善，才能推动管理工作不断迈上新台阶。高校教育管理工作要创新，必须以科学、高效的工作规章制度作为基础性的客观保证。在规章制度建设方面，除了国家制度层面的保障外，高校自身也必须努力创新学生管理工作制度，真正在学生管理工作领域形成一套宽容有序、落实有力、鼓励创新的工作制度，为学生管理工作走上创新之路提供可靠的保证。这不仅仅是一个为完善规章制度而进行制度设置的问题，而且更是一个在严格执行现有制度的基础上，在高校教育管理的日常工作经验的不断积累和实践过程中的完善和创新。因此，高校教育管理要牢固树立依法治校、依法治教的法治观念，把控学生管理过程，规范权力运行程序，彻底避免学生管理运行的无序性、偶然性和随意性，保证管理行为的合法性和高效性。

（3）健全高校教育管理中的服务体系

高校教育管理的对象是青年大学生群体，不仅涉及大学生的生活、学习，而且涉及大学生社会实践和求职就业等方面。大学生活动的范围、领域、内容、目的都随着时代的发展和要求而不断地呈现出新的发展和变化，影响大学生的各种因素也相对复杂。这就要求高校教育管理不能仅仅是管理者的管理、单纯事务性的管理，而更应该是作为被管理者的青年大学生主动参与的管理、全方位服务性的管理。因此，高校教育管理要强化和健全管理运行中的服务体系，积极健全管理中的服务软件和硬件体系。

第二章 高校教学管理及队伍建设

本章为高校教学管理及队伍建设，主要介绍了三个方面的内容，依次是高校教学管理的基本内容，高校专业、课程与管理队伍建设，高校教育质量监控管理体系。

第一节 高校教学管理的基本内容

20 世纪以来，科学技术有了长足的发展，国力竞争日趋激烈，"全球化"体现在社会发展的各个层面。高等教育的全球化发展日渐重要，在高校改革尤其教学改革工作的不断深化中，教学管理工作的改革显得尤其重要，已成为提高教育教学质量的关键因素。高校要全面提高教学质量、促进科学发展，不仅要加强办学条件、教学设备等硬件条件建设，更需要强化科学合理的、专业化的教师队伍、管理人员队伍等软件条件建设。新形势下，教学管理队伍作为管理工作的主体，其素质、能力与管理水平直接影响高校教学工作的稳定、发展和提高，直接影响高校教学质量未来的发展。建设一支职业道德、专业思想、专业知识、专业能力和专业品质成熟的专业化教学管理队伍，对于高校的科学发展具有重大的价值和意义。

教学管理工作是高校管理的中心工作，是高校维持正常的教学秩序、实现人才培养目标、提高教学质量的保证。教学管理队伍是教学管理工作的主体，是教学管理工作的执行者，是学校的重要组成部分。高素质的教学管理队伍是有效促进高校教育教学质量提高、突出培养优势和管理特色、保证高校未来可持续发展的重要人力保障。在前文，我们已从教育宏观视角对教育管理内容体系进行了阐述，本节主要针对具体教学管理进行更详细的分析。

一、高校教学决策与规划

高校作出的战略决策，必须适应新的形势和新的任务。决策是管理工作的核心，而形成决策时，要加强对未来的研究，即根据现有信息，以比较可靠的概率，去描述未来，进行科学预测，然后进行综合分析，而后形成决策，这样形成的决策，就有了切实可行的基础。反之，根据一鳞半爪的信息，拍拍脑袋就作出决策，没有不碰壁的。这样才能确定学校建设的近期与长远规划，使规划既稳妥可靠又切实可行。

高校的规划包括：高校长远建设的规模和速度；高校专业建设的方向和重点；高校招生人数及培养目标和质量要求；教师队伍、管理干部及其他人员的比例结构和培养提高；各种设备、设施的利用与更新；高校基本建设的投资方向及后勤保障等。

二、高校教学计划管理

教学计划是高校进行教学的依据。制订周密的教学计划和进行严格的计划管理，可以把各个教学组织、各个管理部门科学地组织起来，使各教学阶段和教学环节有机地协调起来，使高校的人力、物力、财力和信息发挥更大的作用。

教学计划管理包括计划的制订、实施、检查和修改。制订计划的根据是国民经济发展的要求，科学技术发展的需要，国内外教育的先进经验，特别是各学科发展的方向和重点，高校的现实条件及经过努力可以创造的条件，培养目标及实现此目标的要求。

为了保证教学计划的实施，高校应根据教学计划的进程安排学期教学实施计划、师资培养计划、实验室建设计划，以及教材出版、供应计划、教学设备及参考书的补充计划等，作为教育计划的具体化和补充。

教育计划一经批准，就应具有法律效力，要保持其相对稳定性，不得经常变动，只有在经过实践检验后，确实需要修订和补充时才做调整，否则不利于稳定教学秩序和提高教学质量。

实施计划是整个教学过程中的重要一环，既要求具备必要的人、财、物等诸多条件，又要求高校校系各级组织的保障和广大教师的自觉执行。

计划的检查是保证完成计划的重要措施，可采取听课、查课、召开座谈会、查看教学调查的统计资料、检查学生作业、开展评教评学等多种形式进行。这种检查可以随时进行，也可以定期进行或阶段性地举行。检查之后，必须根据所发现的问题，提出处理意见和改进措施，以保证计划的完善和执行。

高校教学计划应当满足以下几个要求：第一，客观性。高校在制订教学计划时应尽最大可能按照社会主义市场经济发展的要求来设计，并在此基础上设计多样化的人才培养模式。与此同时，高校教学计划的设计还要充分考虑未来各种变化因素，设计多种智能结构。第二，灵活性。高校教学计划的设计要保证学生可以找到适合自己潜力发展的模式，而高校也要为学生发展提供多样化的模式。

通常情况下，高校教学计划的制订程序有以下几个方面：第一，开展广泛的社会调查，了解社会经济发展与信息技术应用对人才的要求；第二，对培养目标与业务类示范专业的分析；第三，展开对相关文件精神及文件规定的研究；第四，提出学校教学计划的要求；第五，主持、制定教学纲领；第六，院系教学委员会进行审议，然后交由学校教学工作委员会复审，最后交由学校执行校长签字确认。

一般情况下，高校教学计划的内容主要包含确立合理的专业培养目标和设置合适的课程两个方面，这主要是由于这两个方面均与人才的培养与发展有紧密的联系。本书主要对这两方面进行深入分析，在专业培养目标和专业课程设置上，主要运用的是调查法，具体调查步骤如下：第一，运用履历或者理论的方式进行分析，并在此基础上提出若干个备用选项；第二，发放调查问卷，然后让被调查人在问卷的备用选项中选择自己的意见；第三，回收调查问卷，并对调查结果进行统计分析，然后按照由多到少的方式排列备用选项；第四，制定相应的规则，分析哪个备用选项占的比重大。在整个调查过程中，要充分借助现代信息技术，通过网络收集相应的数据，并借助计算机对数据结果进行统计分析，并得出最终结果。与此同时，我们还要注意几个方面。一是要对调查结果进行相应的预测，并充分了解大学毕业生的就业情况，从某种意义上讲，只有大学毕业生满足社会的需求，才能最大限度地提升高校就业率。二是加强高校教育资源的建设，如引入优秀教师、完善高校图书资源和实验设备等。三是实施宽口径的专业教育模式。随着现代化信息技术与高校教育的融合，学生获取教学资源更加便利，知识学习也变得更加方便，为此，高校教育应将重点放在培养学生综合素质水平上。四是结合学校的实际情况，并借助当地的教育资源优势，开展特色学科建设。五是时刻关注专业的冷、热门问题，并针对实际情况作出相应的调整。

在信息时代环境下，高校教育管理工作的开展要建立在教学计划执行的基础上。需要注意的是，高校要严格地、稳定地执行教学计划，对此可以遵循以下几条准则：一是借助注册表的方式将教学计划分为学期教学计划和年度教学计划，并在此基础上制定相应的工作表，以此来安排好每个学期的教学任务等教学活动；二是由专门的部门制订教学组织计划，如实习计划、培训计划、实验教学计划等。教学计划的制订要辅以相应的政策，以此为教学计划的执行创造良好的环境。同时还需要教师和学生的积极配合，从某种意义上讲，这些是教学计划实施的内、外部条件。

在教学计划执行过程中，我们要重点把握以下五个方面：第一，在教学计划执行过程中务必要保证其严肃性和权威性，并严格执行，还要结合实际情况作出相应的调整；第二，在教学计划执行过程中，也要严格选择计划材料；第三，强化师资力量，确保一线教学与教学计划的一致；第四，执行合理的教学质量评价方案，亦可以借助信息技术建立教学质量反馈系统；第五，确保教学组织与管理严格按照教学计划开展。

三、高校教学条件管理

条件管理要求用最低的劳动消耗和物力消耗，达到更好的教育效果。条件管理包括教师队伍管理，仪器设备管理，教室、教具管理，教材、图书资料的管理等。

管理的核心是对人的管理，对于高等学校来说，就是对教师队伍的管理，其目标就是建成一支既能适应我国当前经济发展要求，又能适应未来发展趋势的教师队伍。高校要建成这样一支师资队伍，必须在调查研究的基础上，根据现有教师队伍的状况，制订教师建设规划，分阶段地贯彻落实。在这个规划中，对教师要作出培养和提高的计划，尽快形成各有专长的最佳教师队伍结构。要明确学科带头人，建立学术梯队，加速培养一批年轻有为的教学、科研后备力量。要确定教师定编、定员、定工作量制度及技术职称评定办法，使现有人才各得其所。要重视人才的合理流动。所谓合理流动，一是人才管理的灵活性，做到不拘一格选拔人才，二是人才配置的合理性，做到人尽其才，各安其位，三是人才培养的延续性，做到后继有人，四是重视校际的人才交流，避免"单线繁衍"和"近亲结合"的弊端，要选留研究生补充教师队伍，保证后续人员的质量。

经费管理主要是根据国家可提供的教学经费，按高校发展规模、结构、布局与教学科研实际需要，以及最大投资效益来确定高校建设投资方向，如仪器设备的补充和更新，教材的编印出版、图书资料、科技情报的存储和流通，教学设备的添置等，以保证教学科研的正常进行与水平的提高。同时也要重视挖掘现有人力、物力的潜力，精心运筹，加强管理，采取切实可行的手段，提高利用效率，防止设备、图书、教材的陈旧过时和积压浪费。

四、高校教学质量管理

教学质量管理就是指高校各级管理部门，监督并保证教学过程中的各个环节按规定质量标准和要求顺利执行，以达到培养目标的要求，具体包括以下几点：第一，对教师的政治思想、工作态度、业务水平和教育素养提出明确要求；第二，对教学过程的各个环节（包括备课、讲课、作业、实验、实习、辅导等）提出质量标准；第三，对学生提出有关德智体全面发展、努力学好各门课程的基本要求；第四，对学习过程的各环节（包括预习、听讲、复习、作业、自学、小结等）提出质量标准；第五，开展教学检查，既要分段进行，又要贯穿教学的全过程，不仅要检查教学的最后效果，而且要检查教学各个环节是否符合质量标准；第六，教学检查工作要经常化、制度化，要和教学结合进行，要组织交流，发现问题时，要提出解决办法。

教育事业要适应国民经济发展的需要，除要积极发展数量外，还要重视质量，要制定一个质量的标准，然后在实践中不断完善。因此，加强教学质量管理，要统一对质量概念的认识和评定质量的标准。这个质量的标准要体现德智体全面要求，不能片面地只把课程考试分数的高低来作为教学质量好坏的唯一标准。

五、高校教学教务管理

教务管理的主要内容包括以下几点：第一，掌握各种教学计划与改革方案；第二，组织安排全校学生的教学，如学生编班、排课表，对学生考勤、考核统计等；第三，掌管学生的学习；第四，掌握有关教学的档案和资料。有条件的学校应建立档案室，保管学生的总名册、学籍档案、教师教学档案等。保管各种有关教学的统计资料、考核与考勤统计、各种教学工作计划及总结报表、教学改革方案与经验总结等。这些资料可以反映高校的历史与面貌，以及高校发展中的重大举措和执行的效果，是高校制订规划、总结和作出重要决策的依据，也是总结教育规律和进行教育科学研究必不可少的材料。目前，我国高校的教务管理已开始向现代化管理过渡。

六、高校教学管理的重点

（一）注重提高教学管理人员职业道德和业务能力

首先，教学管理人员处于承上启下的关键位置，承担上传下达的工作职责，既要贯彻执行上级部门的文件精神与工作部署，又要组织、协调学校的教学管理工作，还要直接面对教学一线的教师，处于与学生沟通交流的前沿，这样的工作定位与工作职责要求高校教学管理人员具有职业道德与高度的责任感。教学管理工作涉及面广、内容多，事无巨细，看似事小，实质关系重大，如传达上级文件精神、制订学校教学工作计划、教师停调课安排、考试工作安排、学籍档案管理等。看起来都是小事情，但每件小事的管理出现差错就会直接导致院（部）甚至全校教学秩序的混乱，教学工作无法正常运转，影响极大。

其次，高校教学管理人员要具有团结协作精神。高校教学管理工作的特点之一是层次管理，既有一定的独立性，又相互协作与配合，只有具备良好的团队协作精神，才能全方位地处理好分工负责的工作，为师生创造良好的工作、学习、生活环境，解决工作、学习、生活中遇到的问题。

最后，要具备较强的业务素质。教学管理人员的业务素质与能力是其独立从事教学管理工作、解决实际问题、顺利完成任务的根本条件，学校应提高教学管理人员的业务素质，使其熟练掌握教育学、心理学等有关高等教育的专门知识，掌握教学管理的基本理论和专门知识，准确评估教学发展趋势，协调各部门、各因素之间的相互关系，促进各类信息的精确流通，不断创新管理方法，提高管理素质和水平，结合工作实际，开展教育科学研究与实践，适应管理科学化、现代化的要求。

（二）正确处理教学管理与教学质量的关系

高校教学管理主要指的是依据高校教育既定的目标，对高校教学中的各个环节进行调节、控制，从而实现高校教育既定目标。从某种意义上讲，高校教学管理的每一个环节都直接关系着高校教学质量。高校教学管理所涉及的内容较多，从教学质量的角度来看，高校教学管理的内容涉及培养方案的制定、教学任务的安排、教学计划的制订、教学跟踪监测以及质量评价等。与此同时，高校教学管理还要结合教学反馈信息，适时调整教学计划。此外，高校教学管理的每一项工作内容又包含很多方面，如教学跟踪监测，它主要包含分析高校教学方法的科学性和先进性、了解高校授课内容是否新颖、高校课堂教学是否具有吸引力以及学生课业完成情况等。总而言之，高校教学管理需要围绕高校教学质量展开，并在此基础上不断完善高校教学管理体制，构建有助于人才培养的教学管理制度。

（三）正确处理好教学管理人员与教师教学任务的关系

无论是教学管理人员还是教师，都承担着培养人才的使命，二者只是教育分工不同，其中教育管理者主要负责对教育资源的整合，而教师则是传授学生知识，启迪学生思想。从某种意义上来讲，"管理育人"与"教育育人"二者相辅相成，共同促进，我们要清楚地认识二者并不是领导与被领导的关系，而是相互影响、相互依存的关系。具体来讲，二者的关系主要体现在以下几个方面：

第一，我们可以将教学管理看作是一个纽带，它连接着"教"与"学"，教学管理可以有效解决教师"教"与学生"学"之间的矛盾，从而为高校教学创造良好的环境，进而提升高校教学质量。

第二，教学管理通过收集、分析高校教师的教学质量信息，从而对教师的"教"和学生的"学"作出正确的评价。教学管理的这项功能在很大程度上可以帮助教师找出教学中存在的问题，及时总结教学经验，并结合社会发展需求调整教学方法，这有助于提升教师的教学水平，为社会发展培养合格的人才。

第三，高校教师和高校教学管理人员共同参与高校专业、课程、教材以及实验室等方面的建设工作。同时，二者通过教学调研等活动，有针对性地提出教学改革方案。

第四，高校教育管理人员可谓是高校教师开展教学工作的后勤保障，为教师提供各种教学帮助，为其创造良好的教学环境，使教师可以全身心地投入教学之中。

（四）注重教学管理与教学研究的关系

从某种意义上讲，高校教学管理工作是一个长期而艰巨的任务，高等院校开展教学管理工作，使高校教学正常进行，仅仅完成了高校教学第一层次的工作，这也仅仅标志着高校教学形成了一个良好的工作基础和教学环境。如果想要提升高校教学质量，为社会发展培养更多优秀的人才，就要开展教学研究。一般情况下，如果高校重视教学研究工作，它们的教学指导思想、教学目标的选择要明显优于其他学校，它们可以结合国情、校情制定科学合理的教学路线、教学措施以及教学制度，在这样的环境下，无论是学校的教学工作还是教学管理工作，都处于高质量的状态，反之，高校的教学工作和教学管理工作的质量会较差。由此可以看出，教学研究是提升高校教学管理的关键。

第二节　高校专业、课程与管理队伍建设

一、专业建设研究与进展

（一）学科建设与专业建设

1.学科建设和专业建设的内容

第一，学科建设由很多要素构成，其中包括学科带头人、学科梯队、科研课题以及学科建设管理人员等。学科建设主要是学术梯队建设、研究设施建设、确

定研究方向、争取研究项目，形成科学、合理的学科管理制度等，目标是取得更高水平的研究成果。一般来讲，学科建设主要有以下几个方面的作用：

一是学科水平直接反映了一所大学的办学综合实力，一定程度上反映了学校的办学水平；二是学科建设可以有效吸引人才，也可以提升人才培养水平；三是学科建设对人的发展有定向、规范的作用；四是学科建设可以在无形中提升高校的竞争力；五是学科建设不仅是大学发展的平台，也是实现大学人才培养、科学研究、社会服务功能的基础。

第二，专业建设要素也涉及很多方面的内容，其中包括教师、教材、课程、实验、教学管理人员等。高校专业建设的内容主要有专业培养目标制定、培养方案制定、专业课程教学手段优化、人才培养模式完善等方面。一般情况下，高校专业的划分是按照学科进行划分的，同时也与社会分工相适应。高校专业建设的作用主要有以下几点：一是一所高校的专业水平直接反映了其人才培养水平；二是专业不仅是高校培养学生的平台，也是传授知识技能的平台，在一定程度上反映了高校的学科水平；三是高校专业建设可以在无形中提升学生的综合竞争力。

2.学科建设和专业建设的关系

学科的划分遵循知识体系自身的逻辑，学科是相对稳定的知识体系。学科建设主要是对相关学科点和学科体系的科学规划与建设，以此为人才培养创造良好的环境，同时提升学科科研水平。学科建设与专业建设二者之间相辅相成，我们可以将学科建设看作是专业建设的基础，其成果不仅可以当作专业建设的"原料"，也可以为当地生产建设服务。随着社会的发展，市场对人才需求的变化直接引起高校专业的调整，而高校专业的调整也为高校学科建设提供了动力。

（二）专业设置、调整优化与建设进展

专业设置主要指的是高等教育部门结合科学分工、产业结构等因素设置相应的学科门类，在一定程度上反映了人才培养规格。因此，高校学科专业结构的调整是高等教育支持国家战略发展的具体体现。

高校本科教育教学管理研究与进展可以遵循以下几个要求：

第一，将社会需求作为高校专业调整优化的导向，设置科学合理的学科专业，并在此基础上加大高校专业结构调整力度，建立与社会经济发展相符的专业设置、调整制度，从而培养更多符合社会发展需求的人才。

第二，结合国家对高校专业建设的要求，不断拓宽高校专业的口径，并在高校高年级设置灵活的专业方向。

第三，设置专业预测机制，并对各类专业人才供求变化的具体情况进行总结，从而为高校专业设置、调整提供依据。与此同时，对市场各个专业人才需求情况进行监测，强化与社会企业及用人单位的联系，为推动国家经济发展培养专门人才。

第四，推动本科专业建设，按照优势突出、特色鲜明、新兴交叉、社会急需的原则，引导各级、各类高等学校发挥自身优势，大力培育优势明显、特色鲜明的本科专业，加大建设力度，逐步形成专业品牌和特色。

第五，加强专业评估制度改革的力度，尤其加快对工程技术、医学等领域专业认证试点工作的开展，逐步构建完善的专业认证体系，从而促进高校职业制度的发展。

第六，在设置新的本科专业时要做到严谨、科学，不仅要对新的本科专业进行充分的论证，同时也要遵循必要的程序，将职业岗位需求以及人才需求等因素纳入论证范围。此外，设置新的本科专业也要符合学校办学的目标和定位。同时，高校还要具有与之相匹配的教学条件，如师资、图书等。另外，高校也要投入一定的经费，加快新的本科专业的建设。

（三）专业设置与调整管理规定

1.专业设置基本条件

《普通高等学校本科专业设置管理规定》对高校专业设置基本条件做了具体的要求：第一，专业设置务必要符合高校办学定位及发展规划；第二，专业设置要以相关学科专业为依托；第三，学校所设置的专业务必要有稳定的人才需求；第四，专业设置要建立在科学规范的人才培养方案基础上；第五，专业设置要有一定的物质条件基础，如开办经费、教学用房、图书资料等；第六，专业设置还要具有相应的制度条件，保障专业的可持续发展。

2.专业设置制度

高校专业设置及调整工作采用自下而上的"申报—审批—备案"制度，每年进行一次审批和备案。自2012年起，我国教育部门设置了"普通高等学校本科专业设置与管理平台"，这是一个专门的公共信息服务与管理平台，为高校提供相关专业公共信息与服务。

二、课程建设研究与进展

（一）我国大学课程建设的发展历程

自中华人民共和国成立之后，我国教育部门十分重视大学课程建设工作。具体来讲，我国大学课程建设可以分为以下几个阶段：

第一阶段（1949—1977年）。这一时期我国高校教育的发展主要汲取苏联的高校教育经验。同时，此阶段的高校教育改革与社会政治有紧密的联系，所以，这一时期的大学课程建设深受社会环境的影响，在发展中为大学课程建设积累了宝贵的经验。

第二阶段（1978—1992年）。党的十一届三中全会上将教学、科学作为我国经济发展战略的重点。1978年10月，国家教委对1961年颁布的"高校六十条"进行了修订，这一举措为我国高校教学改革发展指明了方向，同时也为高校教学改革提供了政策保证。十一届三中全会充分肯定了教育事业的地位，并将其列入国民经济调整计划之中。1985年，针对我国教育事业发展，陆续颁布了《中共中央关于教育体制改革的决定》《高等教育管理职责暂行规定》，这两项制度的颁布标志着我国高校教学改革迎来了新的机遇，也为我国高校教育改革指明了方向。自此之后，我国高校教育逐渐步入为国民经济发展服务的阶段。

第三阶段（1993—1996年）。该阶段，我国社会主义市场经济体制逐渐完善，无论改革开放，还是社会主义现代化建设，都取得了举世瞩目的成绩。在这样的社会环境下，国务院颁发了《中国教育改革与发展纲要》（以下简称《纲要》），为高校指明了教学改革的目标与方向。具体来讲，高校教学改革要使其教育逐渐适应我国社会政治体制、经济体制的变革，坚定高等教育的社会主义发展方向，使其为社会主义现代化事业服务。

第四阶段（1996—2000 年）。"九五"期间，我国出台了相关的法律政策，并以此来指导高校课程建设工作的开展。在全国教育事业"九五"计划中明确了该阶段高校课程建设方向，要求高校拓宽专业服务范围，并在此指导精神下，结合我国现代化建设的需要，科学合理调整专业课程结构，同时不断优化高校课程教学内容，完善课程教学方法，培养学生分析、解决问题的能力。国家教委于 1995年开始实施"高等教育面向 21 世纪教学内容和课程体系改革计划"，落实《纲要》提出的"质量上一个台阶"的目标，更新教育观念，改革人才培养模式，实现教学内容、课程体系、教学方法和手段的现代化。

1997 年发布的《国家教委关于积极推进"高等教育面向 21 世纪教学内容和课程体系改革计划"实施工作的若干意见》针对当时高校课程建设情况提出了具体的要求，明确指出教学内容和课程体系改革是高校教学改革的重点内容，同时也是高校教学改革的难点。做好课程建设具有十分重要的作用和意义，它不仅可以提升高校教学质量，同时也可以提升人才培养水平。

2000 年，在"高等教育面向 21 世纪教学内容和课程体系改革计划"取得阶段性成果的基础上，我国教育部又开始实施了"新世纪高等教育教学改革工程"，以此来强化高校教育中的质量意识，并在此基础上加深高校教学改革。"新世纪高等教育教学改革工程"的实施旨在为我国现代化建设培养更多优秀的人才，这类人才不仅要具有创新精神，同时还要具有较强的实践能力。此外，在该阶段，我国也加强了对高等教育人才培养模式、教学方法、课程体系以及教学内容等方面的改革。另外，该阶段我国也推行了"面向 21 世纪教育振兴行动计划"，该计划明确指出要充分利用远程教育网络开展网络课程，与此同时，还要组建一支一流的师资队伍，使教育资源摆脱时空的限制。

第五阶段（2001—2005 年）。在"十五"规划中，将精品课程建设作为课程建设的重点。自进入 21 世纪后，我国进入了高速发展的阶段。随着社会经济的快速发展，国家对高校人才培养提出了更高的要求。为此，全国教育事业"十五"规划对高校课程建设也提出了更高的目标。

2001 年，教育部印发了《关于加强高等学校本科教学工作提高教学质量的若干意见》，对我国教学工作提出了 12 条有针对性的要求。

2003 年 4 月，教育部颁发了《教育部关于启动高等学校教学质量与教学改革工程精品课程建设工作的通知》。自此，精品课建设提上日程。2003 年 5 月，教育部颁发了《国家精品课程建设工作实施办法》，标志着我国精品课程建设的开始。自此之后，精品课程建设开展得如火如荼，并逐渐形成校、省、国家三级精品课程体系。高等教育出版社应国家教育提升高校教学质量的要求，正式启动了"高等教育百门精品课程教材建设计划"，该计划共耗资 1000 万元人民币。从某种意义上讲，该计划为我国高校精品课程教材建设起到了积极的作用。此外，该计划共评选出"高等教育百门精品课程教材建设计划"精品项目 170 项，立项研究项目 184 项。除此之外，该计划也极大地调动了高校精品课程教材建设的积极性和主动性。

各个高校纷纷投入精品课程建设之中，并积极向国家申报精品课程。在这个阶段，高校按照教育部颁发的《教育部关于启动高等学校教学质量与教学改革工程精品课程建设工作的通知》，结合学校实际情况制定了精品课程管理办法，并严格按照精品课程"五个一流"的要求，从课程建设的指导思想、申报程序、管理机制、验收标准等方面明确了课程建设框架。

自 2000 年我国启动"新世纪网络课程建设工程"起，全国 120 多所高校纷纷提交了网络课程申请书，共计 2000 多项。在这样的社会氛围下，网络课程建设的影响力逐渐扩大，同时也使更多的高校认识到网络课程建设的意义。经过两年的努力，共建设了 219 门网络课程。

2003 年，"新世纪网络课程建设工程"到了验收阶段，其中 50 多门课程在我国高校中得到广泛的应用。经过多年的努力，网络课程建设在网络支撑平台、资源库管理系统以及远程教育信息管理系统等多个方面取得了骄人的成绩。其中，清华大学的"新世纪机械原理网络课程建设"项目是由教育部直接启动的项目，在网络课程开发过程中，学校选用了精品教材作为网络课程开发的蓝本，以知识的建构过程进行网络课程的教学设计，研制开发了高水平的"新世纪机械原理网络课程"。

第六阶段（2006—2010年）。"十一五"规划中加强了对精品课网站建设的力度，这在一定程度上进一步推动了高校精品课程的建设，同时也极大地推广了精品课程。《中华人民共和国国民经济和社会发展第十一个五年规划纲要》中指出："十一五"时期要着重提高高等教育质量，推进高水平大学和重点学科建设，增强高校学生的创新和实践能力。经国务院批准，教育部、财政部联合下发了《教育部财政部关于实施高等学校本科教学质量与教学改革工程的意见》（教高〔2007〕1号）（以下简称《意见》），实施"高等学校本科教学质量与教学改革工程"，也就是"质量工程"①。《意见》针对当时的教学工作提出了6个方面20条具体要求，再次强调、细化了质量工程，指出："继续推进国家精品课程建设，遴选3000门左右课程，进行重点改革和建设，力争在教学内容、教学方法和手段、教学梯队、教材建设、教学效果等方面有较大改善，全面带动我国高等学校的课程建设水平和教学质量。"②

在"质量工程"的要求下，我国2000多所高校进一步深入开展高等教育质量工程，并在此基础上加快高校课程建设。从某种意义上讲，当时精品课程建设的主要目的是将精品课程与现代信息技术融合在一起，借助网络教学资源实现开放式教学，让更多的人可以利用网络学习资源，从而为学生个性化学习和研究式学习创造良好的条件，进而提升学生的自主学习能力。此外，该阶段精品课程建设在一定程度上构建了"以教师为主导、以学生为主体"的教学模式。

为了进一步推动高校精品课程的持续发展，扩大其教学辐射作用，高校加强了对现代信息技术的运用。在精品课程建设过程中，高校使用网络进行教学与管理，鼓励教师将精品课程教学大纲、实验指导、教案、课件、授课录像等素材上传至网络，并做到免费共享，以此来带动其他课程的建设。此外，关于精品课程的申报、审批等环节也实行网络化管理，同时要求申报者建立相应的教学网站。在这样的教育环境下，我国各大高校纷纷开展了精品课程平台建设及课程网站制作。

---

① 中华人民共和国国民经济和社会发展第十一个五年规划纲要[R].中华人民共和国全国人民代表大会常务委员会公报，2006(3)：178-221.
② 同①。

从建成的精品课程网站来看，其主要具有以下两个功能：第一，从对外的角度来看，其功能主要是为其他高等院校提供网络课程资源；第二，从对内的角度来看，精品课程网站的功能是辅助日常教学，同时也可以为本校学生提供网络学习资源。大部分高校精品课程网站的建设都是依托本校的网络教学平台。通常来讲，精品课程网站建设主要涉及精品课程申报网站、课程网站建设两个方面。首先，精品课程申报网站。这就需要按照相应的评审要求提供课程介绍、教学团队等方面的信息内容。其次，课程网站建设。课程网站建设主要是借助多媒体课件、课程录像视频、交流论坛等形式为学生搭建一个学习平台。从教学内容、网页制作、网站导航等方面整合现代化资源和教材，充分利用多种媒体技术，把文字、图像、声音、动画、影像等多种媒体综合起来，展示参考资料、授课录像、题库、习题等课程内容，构建多种媒体资源优势互补的、支撑网络教学的立体化资源，更好地辅助课堂教学，从而有效提高教学效率和质量。

为了进一步加快我国网络课程建设的步伐，加快各种网络教学资源的整合，促进我国网络教育的发展与改革，教育部于 2007 年制定并实施了网络教育精品课程建设与申报工作。当年有 192 门网络教育课程参加了评审。经过网上初审、会议终审等环节，最终产生了 49 门网络教育精品课程。

2008 年，有 54 所现代远程教育试点高校的 158 门网络教育课程参加申报，产生网络教育精品课程 50 门。从某种意义上来讲，网络教育精品课程评选活动的开展推动了我国网络课程的发展。

借助课程整合来提升高校教学质量的课程群建逐渐受到高校的重视，尤其是应用型高校和高职院校，尤为重视课程群建，并对其展开了理论与实践研究。高校通过加强课程整合，促进了专业课程的优化，进而推动了高校课程体系建设与改革。

第七阶段（2010—2015 年）。"十二五"规划期间，我国继续加强对精品课程的建设，同时也深入开展精品课程的共享。随着知识经济时代的来临，终身教育逐渐取代一次性教育。2011 年，《教育部财政部关于"十二五"期间实施"高等学校本科教学质量与教学改革工程"的意见》（教高〔2011〕6 号）的出台标志着我国课程建设进入了网络时代。

（二）典型课程建设与管理

1. "精品课程"建设与管理

建设精品课程有利于建设优质课程和精品资源，从而使得优质教学资源实现共享，进而使高等教育实现协调发展。对于建设精品课程，还有一项不容忽视的积极作用，那就是十分有利于全面推进教育内容信息化建设。精品课程的建设不仅能够带来以提高教学质量为导向的激励机制，而且还将教育信息化作为提升教育质量的新手段，这不仅对调动教师进行教学改革的积极性具有重要意义，还能提高学生的学习积极性。

（1）精品课程的概念和教育理念

精品课程是有特色、教学水平一流的优秀课程。一流的课程应该具备以下五个要素：一流的师资力量、一流的教材、一流的教学方法、一流的教学内容、一流的教学管理。精品课程具有鲜明的优势和特点，如能够反映现代教育理念，符合科学进步和教育教学的一般规律，在教学过程中，运用现代教学技术、方法和工具，以及一流的教材，获得鲜明的教学效果，能够对其他课程起到示范作用。因此，科学性、先进性、创新性、应用性、有效性、特色性以及示范性等特性是精品课程鲜明的特点，这是一种全新的教育理念。各院校要立足于提升课程整体水平，有计划地开设和开发精品课程，并且通过精品课程的示范效应，提升课程整体水平，形成课程建设的良性循环。

（2）精品课程建设取得的进展

2003年，教育部开始进行精品课程建设。教育部指出，要在5年内打造1500门国家级精品课程。不仅如此，还要利用现代化的信息手段，实现优质资源共享。2007年，教育部提出继续推进国家精品课程建设，并按照目标选择约3000门课程进行重点建设。在建设精品课程过程中，国家投入大量的人力、物力、财力等，使得精品课程的内容建设得到进一步深化，逐渐形成了校、省、国家三级建设体系。

（3）精品课程建设的作用

精品课程建设注重层级评审制度的完善和政策激励机制的构建，因为只有这样，才能使得地方和高校把进行精品课程建设的积极性充分激发出来，从而建立起各门类、各专业的校、省、国家三级精品课程体系；引导高校改革课程内容，整合教学改革成果和优质教学资源（先进的教学理念、模式、方法），实施优质教学资源（师资）共享，促进学生自主学习，从整体上提高学校的教学水平。

2."精品资源共享课"建设与管理

（1）资源共享课建设背景

2012年以来，在全球范围内兴起了"大规模在线开放课程"（MOOC），以麻省理工学院和哈佛大学联合创办的非营利性在线教育平台edX为代表。比如，2012年，清华大学正式加入edX平台，面向全球推出首批在线教育课程。以开放的教育形式，再结合我国现代教育和传统教育的特点，更加深入地探索教育理念、教育模式和教学方法在内的综合性教育教学，实现全方位的改革。中国特色在线教育品牌，在实践中不断完善。其建设背景主要有以下几点：

①中国高校开设资源共享课程是现代信息技术给高等教育带来巨变的产物。中国高校资源共享课程适应时代发展的要求，它紧密结合了现代信息技术与教学活动，为高校教学提供了一种新的知识传播模式和学习方法，实现了个性化学习，让不同人群共享优质的学习资源。

②共建共享资源共享课程是实施教育规划的重要举措。《教育信息化十年发展规划（2011—2020年）》提出，教育要推动信息技术与高等教育深度融合，创新人才培养模式，实施优质数字教育资源共建共享。基于此，2011年，教育部和财政部启动实施"十二五"期间"本科教学工程"，"共建共享国家精品开放课程"被指定为主要项目。同时，开设和布局资源共享课程是落实高等教育领域中教育规划纲要的又一重要举措。

③适时在我国高校开展资源共享课程是提高我国高等教育国际竞争力的必然要求。2012年，以美国为代表的发达国家大规模开展在线教育，加速了高等教育的全球发展和全球竞争。中国高校适时推出新型在线教育资源共享课程，将进一步向世界展示我国高等教育改革发展成果，同时通过参与国际竞争提升我国高等教育质量。

（2）精品资源共享课建设进展

教育部、财政部于2007年启动了"高等学校本科教学质量与教学改革工程"，不仅如此，还出台了《教育部财政部关于实施"高等学校本科教学质量与教学改革工程"的意见》（教高〔2007〕1号），这是为了全面贯彻落实科学发展观，实现提高教育教学质量的目标。《教育部财政部关于实施"高等学校本科教学质量与教学改革工程"的意见》提出，继续推广、开设国家精品课程，遴选近3000门课进行重点改革和建设，争取能够全面改善教学内容、教学方法、教学梯队、教材建设、教学效果等，全面提升我国高等学校的课程开发水平和教学质量，积极推进在线教育资源开发共享平台建设，建设一系列具有示范作用和服务功能的数字化学习中心，实现教案、大纲、习题、实验、教材、参考资料等学习资源的在线开放，从而为教师和学生提供优质的、免费的教育资源，完善终身学习支持服务体系。

3.MOOC 的建设与管理

2012年，一种新型的在线教学模式在全世界引起人们的关注——在线开放课程（Massive Open Online Course，MOOC），这种在线教学模式对互联网产业、人们在线学习，以及高等教育都产生了巨大的影响，《纽约时报》将2012年称为"MOOC元年"。[①]

MOOC 作为一种影响深远并且越来越受到人们重视的在线教学模式，其拥有先进的理念，即利用互联网，将优质的学习资源传送到世界各地。通过 MOOC，人们不仅可以享受到免费的优质资源，还能学习到很多珍贵的学习经验。这也是 MOOC 与现行高等教育体制相结合的重要体现。

4.MOOC 在我国的发展与展望

2015年3月，教育部发布《全国教育信息化工作专项督导报告》显示："截至2014年11月底，全国6.4万个教学点全面完成了'教学点数字教育资源全覆盖'项目建设任务，实现了设备配置、资源配送和教学应用三到位……各省积极开展'网络学习空间人人通'建设，初步积累教育教学应用经验。"

通过对中国2014年 MOOC 学习者在线情况的调查，相关报告显示，中国 MOOC 学习者主要分布在发达省市，如北京、上海、浙江、江苏、广东等，对使

---

① 魏英玲,何高大.欧盟高校"慕课"(MOOCs)的现状与发展及对我国高校"慕课"的启示 [J]. 远程教育杂志,2015,33(5):30-37.

用MOOC平台的受访用户中的调查显示，与2013年相比，2014年，13~22岁的用户有了大幅度的提高。

MOOC在我国还是一个比较陌生的领域。在大学生或者职业群体中，互联网已经广泛普及，并且这部分人群与青少年相比，拥有良好的独立学习的能力。就目标而言，MOOC平台已经在我国一些高校建立，随着这一网络学习模式的推广，关注这一模式的高校越来越多。

随着清华大学、北京大学加入MOOC建设，国内掀起了MOOC热潮，清华、北大牵头的C9联盟，上海交通大学带领西南片区高校成立的O2O联盟推出了自己的MOOC平台"好大学在线"，国内三大网络公司BAT（百度、阿里巴巴、腾讯）也开始探索MOOC模式的在线教育，并有一定的实践，如腾讯的腾讯课堂、百度投资的传课网、淘宝网的淘宝同学等。

5.SPOC的建设与管理

在教学过程中，实现传统课堂和MOOC的有机融合与结合是促进MOOC教学可持续发展的方式之一。MOOC的一个重要发展趋势，即已经从传统的"课堂听课、课后答疑"转变为"课堂讨论、在线学习"，进入了SPOC时代，成为教学工具。

SPOC是一种改进的面向在校学生的MOOC学习方法。它使用面向小规模学习者的MOOC资源，如一对一教学或课程，即SPOC是在传统学校网络课堂中利用MOOC来支持课堂教学，MOOC的功能包括具有讲课视频、能够进行在线测评等，是课堂教学与网络教学混合学习的新模式。基本过程是：教师给学生布置以视频资料为主要形式的作业，然后在课堂教学中回答学生的提问，了解学生掌握了哪些知识，还没有掌握哪些知识，并在课堂上与学生一起完成作业或其他任务。教师可根据自身情况和学生的具体需求，自由设置和调整课程流程、教学节奏和考核体系，并根据设定好的申请条件，从全球范围内选择一定规模（通常为500人）的申请者学习SPOC课程。参加SPOC课程的学生必须保证学习的时间和强度，并且能够参与在线讨论，完成布置的作业和考试等。落选的学生可以旁听生的身份学习在线课程、观看视频，可以根据自身情况设定自己的学习进度、完成规定的课程材料、完成家庭作业、参与在线讨论等。旁听生在课程结束时不能颁发证书。

6. 推进高校 SPOC 建设策略

（1）学校层面

①加强平台建设，确保平台正常运行。高校要重视 SPOC 平台建设，利用现代技术的可移植性和广泛适用性，采用多种支持模式提高平台兼容性，合理配置平台模块。在进行模块划分方面，可以将其划分为管理服务系统、用户、教育资源、论坛讨论区和作业等模块，优化信息环境，通过课程推广和试用，为学生提供全方位的 SPOC 学习体验，赢得学校知名度，鼓励学生参与。此外，应邀请相关专业人士负责平台运营，制定相应的平台政策。另外，还要注意与教育部门或商业企业进行合作，以分担教育成本。

②鼓励高校间的课程互换和平台共享。SPOC 虽然是在校本基础上设立的，但是信息本身存在不断流转的特点，因此，只有让课程完成共享才能实现教育的改革。这就需要加强高校之间的合作，实施课程互换。其中，要重点解决学分置换问题。学分置换是指不同学校的学生在学分制的基础上，共享同一属性的科目（这里特指基于 SPOC 的精品课程），在学习完毕后，最终将这个科目的学分转换为学生自己学校的学分。解决这一问题，不仅有利于各高校优势专业的发展和对劣势专业进行弥补，也有利于推动 SPOC 模式的普及。具体而言，第一，两校就 SPOC 课程达成共识，成立课程互换领导小组，负责课程推广、学生管理、学分认证等多项工作。第二，制作团队应与外校专业教师就课程内容进行沟通，作出适当修改，确保双方深度认同课程内容、标准、实施、评价等。第三，双方平台要实现过渡衔接式共享，组织模块遵循最优原则，实现从技术到知识的深度合作。

③完善评级体系。与基于 MOOC 的系统自动评估模式相比，SPOC 更注重人本性、综合性、实时性和过程性。由于学生人数有限，因此教师应关注学生在线学习的实时动态，如学生的在线时长、视频观看时长、作业成绩、在论坛中的活跃程度等，统筹考虑教学效果，对学习过程中产生的数据进行科学分析，得出可供参考的结论。此外，学生应组成小组进行组间评估和组内评估，这是很有必要的，因为学生之间的交流才是在线学习中知识碰撞的主要依据。具体来讲，就是有些教师可能不知道的情况，但学生会在高频对话中了解到很多有用的信息，因此，从学生的角度来看，可以更好地对学习效果进行反思，从而使学生能够互相

促进，互相鼓励。总之，SPOC 情境下的评价更加注重个体与群体之间的形成性评价。在内容上，不仅关乎学习目标的达成，更关乎学生的情感态度、价值观和理解分析能力。收集的数据用于形成性评价表现，并根据其反应结果来改进SPOC 课程，这样能够满足不同技能水平学生的个性化需求。

④通过其他方式促进发展。作为传统知识的宝库，图书馆也应该对 SPOC以更加开放的心态进行面对，在接受信息化浪潮的过程中积极转变角色。第一，积极将庞大的纸质书籍转化为知识信息，构建在线数字资源的在线查询系统，为 SPOC 在线课程提供电子教材和课外阅读资料。第二，图书馆可以为 SPOC制作团队提供版权保护。此外，图书馆也是一个很好的公共宣传平台，利用图书馆的设施设备举办讲座，提供一站式检索。第三，图书馆管理员可以参与课程设计，担任助教，甚至参与到教学工作中，真正实现大学图书馆与大学课程的衔接。

（2）教师层面

①更新教学理念，提高信息质量。有了观念，才有行动，而行动是否顺利取决于素质水平。因此可以说，观念是行动的先导，素质水平是行动的基石。教师要充分重视 SPOC 教学模式，通过观摩高校课程、参加 SPOC 会议、参与小规模合作等方式，在信息时代，开创全新的教学观。具体来说，第一，要明确 SPOC新模式的组织结构和方法，提前熟悉 SPOC 的教学流程。第二，要提高信息素养，信息素养是指在良好的信息意识和信息伦理观念下，获得信息技术基础知识，查询识别获取评价储存表达信息的能力。它在教师专业的不断发展中发挥着重要作用。教师要主动开展多媒体教学经验交流活动，共同攻坚克难，开展相关课题研究，实现理论和教学的共同进步。

②提升在线平台功能和数据分析能力。掌握一定的网络技术对 SPOC 教学来说很重要，在线学习由于互联网的虚拟化变得更加复杂，一个值得思考的问题是如何使教学适应网络数据的新模式。使用论坛留言板和在线回复是教师需要具备的技能。不断地在线操作练习、学习新的网络知识、开阔视野是提高教师技能的好方法。此外，学习分析已成为高等教育教学发展的必然趋势。因为利用科学的方法对学生及其学习历程进行收集和评价，形成数据信息，对学生行为数据进行

分析，可以了解学生的学习状况，判断学生的学习行为趋势。这样不仅可以进一步优化教学环境，还可以通过学习过程本身的反馈来帮助改进教师的教学和修正学生的学习。

③加强教学设计能力和决策能力。首先，教师应将自己视为资源的整合者，将知识视为动态的网络生态环境，塑造有利于网络化学习习惯的碎片化数字学习资源；其次，要明确每一步的价值和重要性，注重教学内容和方法的内在联系，运用自己的专业知识以多媒体和网络形式呈现知识点，以活动理论为指导设计各种教学活动，增加实践项目和虚拟实验、教育游戏等综合性实践活动，对教学新模块进行开发，培养学生的创新意识和创新思维。教师要能够在制作微视频时简化教学内容，将每个知识点串联起来，在特定的时间创建一个能够引起学生兴趣的点。比如，加入一些能引起学生注意的内容（有趣的内容），从而让整个学习节奏更加紧张、活跃。在有效组织教学单元和教学内容后，教师必须为线上、线下教学活动做好充分准备，培养准确的判断能力，教学策略一旦选定，必须立即实施，并且要充分发挥教学资源的潜力。另外，还要根据学习效果和学生的动态反馈数据修正教学信息，快速作出有利于课程开发的决策。

④提高混合式学习模式的指导能力。混合式学习模式既要充分发挥教师在学习过程中的引导、启发和控制作用，又要体现学生作为学习过程主体的主动性、积极性和创造性。从这个层面来讲，在这个过程中，教师的任务既重要又艰巨，为保证方向的正确性，需要利用微视频对知识点进行有步骤的讲解和梳理，在线上为学生答疑解惑，并且在总结学生的问题后提出建议，形成供学生思考和讨论的新问题，然后将这些问题带到下一个学习单元。无论是线上还是线下，在不断循环中，教师对问题的敏锐度以及对知识良好的熟悉度都非常重要。另外，不同知识层次的学生，对其指导思路要有所区别，不能简单地给予概念性的解释。总的来说，高校教师在指导过程中应加强学生网络学习、信息获取和自我意识提高等能力的培养，强调学生作为"学习者"的主体地位正是体现教师"指导者"的角色。

⑤强化线上管理能力。表扬、批评等传统的教学管理手段可以在网络上复制，文字或图像的呈现有时比简短的言语更有力量。考虑到在线课堂教学的异时、异

地特点，教师要在管理方式上进行根本性调整，尤其要加强讨论区（话题组）的管理，提高论坛的讨论积极性，鼓励学生进行建设性和创新性的主题讨论，营造积极的在线学习氛围。

三、管理队伍建设的主要路径与方向

（一）提升认识

组建高校管理队伍对于大学的发展来说是极其重要的，如果高校管理队伍不能深刻地认识校风、师风建设的必要性，那么就会导致一系列的后果，学校的整体运作也同时会受到阻碍。其中，管理队伍阻碍是高校无法顺利运作的关键。举例来说，当教师在进行教学工作的过程中，如果没有工作积极性，就不会与学生之间形成良好的沟通，也就不会与学生建立良好的关系，这势必会影响高校的综合管理质量，使教师的教学工作进程受到阻碍，困难重重，学校工作也就无法开展。高校管理队伍建设和发展对于高校的战略规划具有十分重要的意义，但不得不说，这是一项浩大的工程。加强系统整合，使高校管理队伍建设与管理制度融合，可以使之成为教师和管理人员内部的工作习惯和态度，并确保在建立高校管理队伍的时候有指导方针可循。教学管理人员在进行日常管理时，要重视教师在整个学习环境中的重要性，在制定各项规章制度时，要把教师和管理人员放在同一高度，在面对各种问题时，要主动了解和解决教师在日常生活中面临的挑战，只有这样，高校的管理工作才能真正得到落实。

（二）丰富内容

在高校管理队伍建设过程中，确定充分的发展目标，这同时也是高校管理队伍得以发展的前提条件。这是因为只有确立了目标，高校才能围绕目标开展一系列的建设活动，并落实到实际的工作过程中。在高校管理队伍建设中，相关的工作人员要注意对当前市场形势进行分析，立足高校的发展状况，在此基础上不断挖掘和发展高校的资源。比如，可以打造优秀的教师，以起到榜样作用，使教职工之间形成良性竞争，从而改善管理者和教师的整体关系。只有调动教师的工作积极性，才能提高教师的工作质量，在这种情况下，高校的工作效率才会进一步提高。高校管理是一门综合管理学、行政学等多门自然学科和社会学科的科学，包括学术管理和行政管理等多种不同的职能，利用这一特点，我们可以构建一个完整的管理团队，在此过程中进行有效选才，并根据实际不断优化选拔方式，构建团队内部良好的竞争机制，提高管理团队整体素质。此外，高校在发展过程中还必须根据自身的发展理念，打造自己的资源特色，这是由高校的特点所决定的。在高校内部，还要注意建立师风、校风建设部门，建设和发展相应的管理团队，在制定职业资源的同时，要注意深入一线，与员工保持密切联系。高校自身的师风建设和校风体系建设，能够使高校管理团队的建立和发展更具活力。

（三）以人为本

在建设高校管理队伍过程中，其直接作用人是高校教师。高校教职工必须不断调整工作态度，明确自己作为教师的职责，明确自己在这一领域中应该具有的担当。在教学过程中，教师还要思考如何展现自己的工作态度，而不是将端正自己的工作态度当作一个口号。教师要养成良好的工作习惯，在教学中以人为本地管理学生，在工作中与同事和睦相处。加强高校管理队伍建设是为了强调校园管理工作中对教师的关心、尊重和信任，从而增强教师的使命感和自豪感。只有这样，高校管理队伍建设与发展才能取得相关成果。因此，在加强高校管理队伍建设的过程中，必须与一线教师进行有效的沟通与联络。只有这样，才能有效促进高校的发展。在进行人性化管理的同时，也要保护教师的利益。从财务关怀的角度来看，既要帮助教师解决主要的生活问题，又要适当调整某些教师的工资水平。通过民主和公正的方式对高校教师进行民主管理，实现教师和管理层的良好沟通，从而形成一个完整的管理体系。

（四）构建激励体系

在进行激励制度的建立和管理之前，相关管理者应该了解的是激励制度建立的具体方法，观察法是激励制度建立中重要的内容。为了使激励制度的建立能够顺利进行，教师需要了解不同岗位的具体工作信息，在获取信息后，做好各项管理对比。作为高校的管理人员，在开展工作的过程中，要尽可能对基层教师的工作情况进行综合分析，了解不同岗位、不同教师的日常工作内容，在此基础上再选择合适的激励制度。无论选择哪种激励制度、设计方法，高校管理人员的主要目标都是了解不同教师在实际工作环境中的工作方式。针对基层教师来说，管理者在进行激励的时候，不可只进行道德激励，更重要的是，要将物质激励当成重点。只有在物质和道德双重激励的共同作用下，才能形成有效的激励机制。举例来说，一方面可以为工作出众的教职工颁发荣誉证书和锦旗，另一方面给予优秀教职工一定的物质奖励。这样的奖励方式是教职工可以看得见和摸得到的，能够起到良好的激励效果。此外，在表扬工作时，要考虑到工作在一线的教职工，对取得工作实绩、工作中得到学生好评的教师给予表彰或奖励，这势必会增加教师工作的积极性和热情。此外，还必须严格落实完善的工资制度和社会保障制度，如果社会保障制度不能严格落实，就达不到预期的效果。

（五）建立完整的教师培训平台

我国高校管理队伍建设的主要目的是提高各部门教职工的整体绩效，这就需要高校在师资培训和管理团队的有效规划等方面做更多的努力。随着我国经济的发展，社会对高素质人才的需求越来越迫切。与此同时，相关岗位之间的竞争激烈程度也明显增加。对于高校管理来说，系统完善的管理队伍培训制度已经成为一项重要的工作内容，同时这也是优化资源管理、解决实际问题的必要策略。在建设培训体系的过程中，要分析当前高校对人才的需求，了解各岗位人员的活动情况，切实了解存在的问题和不足，针对这些不足制订切实可行的管理队伍培训体系和计划，以培养教师的综合素质和综合能力。在这个过程中，既要体现公平、透明的原则，又要体现重视规划未来教师的发展，只有这样，才能留住人才、吸引人才。在管理人员的培养上，也可以实行有效的管理制度，加强学校与学校之间的交流，使管理人员经常到其他高校考察学习，了解先进的教学管理理念，并努力进行改革。也可以在校内举办相关的研讨会，聘请管理领域的知名专家和学者，了解新的教学方法，从而促进整体教学质量的提高。

第三节　高校教育质量监控管理体系

学校开展的各项教育活动是教育质量的动态体现，是指学生在教师的引导下，系统学习基本科学文化知识和基本技能，形成科学的世界观、人生观、价值观、道德观，并开发智力和体力，提高学生综合素质的过程。因此，要保证教育过程中各个环节的有效运行，就必须对整个教育过程实施质量控制，使学校真正按照自身发展的规律组织教学，用科学的方法管理教学，调动全体学生的积极性和创造性。因此，在师生教与学中实行科学化、民主化、现代化的教育管理就显得尤为重要。而监测体系的建立和实施，正是促进高校教育教学质量发展的重要举措。

一、重构教学质量监控的过程管理体系

《国家中长期教育改革和发展规划纲要》的基本落实，合理、完善的教学质量控制体系的重构是全面提高教学质量的必然要求和良好体现，关系学校发展的方方面面，这是一项庞大的系统工程，也是学校改革发展的一项艰巨任务。影响高校教学质量的因素主要分为硬件和软件两个方面：一方面，高校中用于教学的一些基础设施等都属于硬件因素；另一方面，教师的教学水平、生源的质量、校风以及教学管理水平等都属于软件因素。其中，教学质量管理在学校的办学条件中占有非常重要的地位，其重点是在整个教学过程中对教育质量进行有效监控。在新的历史条件下，对教学质量过程监控的管理体系进行重构和再造，并采取多项措施将其应用到实践中，将对教学质量的全面提高起到关键作用。

（一）指导思想与基本原则

1.指导思想

始终将教学质量作为生命线，坚持以学生为本，这是重构教学质量监控的指导思想。在重构的过程中，高校要注重各个教学环节的教学质量，使教学质量监控与保障体系的运行能够始终以培养高素质创新型人才为目标。

2. 基本原则

（1）目的性原则

教学质量监控与保障的目的是保证教学任务的完成和学习目标的实现。它的任务是发现与计划目标的偏差，并采取有效措施纠正偏差，确保训练任务和训练目标的实现。

（2）全员原则

教学质量离不开全体教师和学生的共同努力，无论是教师还是学生，人人都是质量监控保障体系中的一员，教师在其中充当主导的角色，学生是这个体系中的主体，教研室是基础，职能部门是核心。

（3）系统性原则

教学质量涵盖教师、学生、教材等诸多方面，与学校的办学定位、学习目标、管理等密切相关，是一个系统共同作用的结果。学校、职能部门、系（部、教研室）、学生班级等多层次、纵向、横向的网络构成了一个完整的教育管理体系。

（4）全过程原则

教学质量主要是在教学过程中形成的，质量控制和保障体系必须具备对教学全过程的监控能力，要分三个阶段进行监控，即对准备过程进行事前监控、对事件期间的执行监控、对事后整改进行监控。

（二）目标与保障措施

1. 目标

构建教学监控与保障体系，重点是建立和完善科学、合理、易于操作的评估高校本科教育教学管理研究与进展指标体系及相应的奖惩制度。通过教学质量的动态管理，促进学院合理、高效地利用各种资源，保证教学工作的正常运行，全面提升学院教学质量。

2. 保障措施

（1）组织保障

确保教学质量保障与监控体系的正常运行，充分发挥全员性原则，建立校院两级组织机构，形成"专兼并举，主辅结合"的管理队伍，形成管理合力。

（2）制度保障

使各项教学管理工作制度化、科学化、规范化和现代化，保证教学工作有序进行与教学质量不断提高，系统地建立一套较为完整的管理规范体系，使整个教学活动有章可循、规范有序。

（3）经费保障

促进教学质量不断提高，在教学设施建设、专业建设、课程建设、师资队伍激励等方面按照建设与发展要求，给予经费支持。

（三）教学质量监控与保障系统的构成

教学质量监控保障体系由五个子系统组成：教学质量决策、教学质量监控、教学质量实施、教学质量信息收集和教学质量信息反馈。它是一种向下控制、向上负责的"责权合一"质量管理体系。

（四）教学质量监控与保障体系各子系统的功能

1. 教学质量决策系统

教学质量决策系统下设教育教学建设委员会，主管教学校长负责这个委员会的运行。教育培训建设委员会等组织实施教育决策活动，对教育工作进行宏观领导和管理，审定各教育环节的质量标准，协助协调各院（系）和职能部门的发展，并根据各职能部门的发展定位，结合办学理念和人才培养目标，对本科教育教学改革与发展规划起到指导作用。

2. 教学质量监控系统

教学质量监控系统通过制定一套规章制度，负责组织学院（系）教育教学建设委员会委员、管理人员、教学督导专家和学院聘用的其他职工，对教学环节进行质量监督，从而监测本科阶段教学工作状况并开展质量评估活动。

3. 教学质量实施系统

教学质量实施系统负责落实学院（系）教学工作的中心地位和教学任务，推进教学内容、课程体系和专业、教材、现代教学方法建设等方面的改革，配合院（系）完成教学工作状态监测和质量评估。

4.教学质量信息收集系统

教学质量信息收集系统主要是由学院教学副院长负责的，教师评学、学生评教是教学质量数据采集系统的主要组成部分，其工作的流程是充分利用各种方式，收集各级、各类人员和学生对教师课堂教学效果的评价，同时还要收集各级、各类人员和学生对教风、学风建设以及改革的意见，除此之外，还包括收集实践教学环节中的一些意见和建议，特别是有关毕业论文写作的建议，将收集到的这些意见进行汇总，并向相关学院和教师及时反馈。

5.教学质量信息反馈系统

教学质量信息反馈系统主要是由学院（部、系）教务副院长（主任）负责，主要职能是对教学状态及质量测评结果进行及时反馈，要求相关部门落实问题，并确定在一定时间内解决问题。通过教学文件、报告、简报或校内媒体及时将教学审计、质量审计等渠道获得的信息传递给相关学术单位和院系，尽快解决其中遇到的问题。

（五）教学质量监控的主要环节及实施要点

1.专业建设

人才培养目标是专业建设的主要监测点，另外还包括制定、执行与调整人才培养方案，以及课程体系建设等方面。

2.课程建设

课程建设质量监测主要从建设目标、实施方案、特色创建、课程师资梯队改革成效等方面进行评价。

3.教学大纲的实施

在教学管理以及教师进行教学的过程中，教学大纲是主要的依据。教学大纲和教学计划实施情况的监控主要从课程设计及安排、教材选择、教学大纲的编写及实施情况、实验课程开设情况、实践环节衔接情况、学生考试情况等方面进行评价。

4.课堂教学

课堂教学是教学质量的核心。对于课堂教学的监控主要从课前准备、教学过程、课外作业与辅导、成绩评价等方面进行，主要就是监控教师备课是否充分、教案是否完整、教材是否合适等。不仅如此，还包括教师在课上的讲解是否清晰、概念论述是否正确，教授的内容是否与时俱进、讲课过程中是否能够突出重点、是否能启发学生的思维，课后能否对学生进行充分的辅导等。

5. 教材质量

对教材质量的监控主要从教材水平、使用效果等方面进行评价。

6. 实践教学

实践教学监控主要考核创新科研实验平台的内容与体系改革，实践计划、执行及效果。

7. 毕业设计（论文）

毕业设计（论文）监控主要从选题性质、难度、分量、开题、中期、答辩、综合训练度、指导教师资格与水平及精力投入，学生学习态度、实际能力、设计（论文）质量、规范度、基础理论与专业知识、学术水平等方面进行评价。

8. 教学效果

教学效果监控主要从讲授质量、教学方法运用、教学手段的使用、教书育人、因材施教、学生学习课程知识的情况、考核试题与评阅质量等方面进行过程监测和事后评价。

9. 教学改革

教学改革一方面着重于教学管理、教学内容与课程体系、人才培养模式、实践教学、文化素质教育等方面的改革成效；另一方面侧重于教学内容的改革、教学方法与手段的创新、多媒体课件的开发，争取教改项目的积极性、推出教研成果、编写并出版高质量的教材或教学参考书等方面。

二、高校教学督导及其队伍建设

《国家中长期教育改革和发展规划纲要（2010—2020）》提出"提高人才培养质量，健全质量保障体系"[①]，进一步明确了教学督导的性质定位，规定了教学

---

① 国家中长期教育改革和发展规划纲要（2010-2020年）[R]. 实验室研究与探索，2018，37(6)：273.

督导的使命和作用，为教学督导工作带来了新机遇的同时，也提出了新的要求，使教学督导工作面临着一个新的转折期。

教学质量是学校的生命线，加强教学管理，建立行之有效的评价与约束机制，构建合理的教学质量监控与保障体系，成为高校十分关注的重要工作。教学督导体制作为教学质量监控系统体系的重要子系统，也成为教学管理改革与发展的必然趋势。

教学督导是高校对教学质量监督、控制、评估、指导等一系列活动的总称，目前主要的工作方式是通过对教学活动全过程和教学管理进行检查、监督，掌握情况，总结经验，发现问题并及时分析指导，从而保证教学质量的提高。

（一）教学督导的制度保障与运行机制

随着高等教育改革的不断深化，高校教学质量的竞争越来越激烈，许多高校为提高其核心竞争力，先后建立了校、院（系）两级教学督导制度，一般情况下这些督导机构都是在主管教学副校长的带领下开展工作，按照国家教育方针政策和学校的规章制度，以专家身份面对校内的教与学双方和教学过程，对影响高校教学质量的各种因素进行监督、检查、评估、指导等活动。多数高校制定了专门的教学督导文件，以保证教学督导工作有章可循，如《北京科技大学本科教育教学督导组工作管理办法》《广东工业大学教学工作督导工作规定》《华北理工大学教学督导委员会工作实施细则》等，对教学督导的职能定位、职责及人员组成作出了界定，如华北理工大学在选聘督导人员方面要求聘请治学严谨的人员。学术水平高、教学经验丰富、有一定影响力的教授，退休教授与在职教授比例为2：1，有力保证了教学督导工作的有效实施。

大多数高校教学督导机构有以下两种模式：一种是由校长或者主管教学工作的副校长直接带领的独立部门，与教务处平行没有隶属关系的教学督导部门；另一种是挂靠在教务处或高教研究所，或是教务处下属的一个科室、督导组。第二种模式占较大比例，督导组可以较方便、较及时地获取信息。

（二）教学督导的工作职能与工作方式

许多地方高校教学督导工作开展的效果很好，如教学督导人员随机性、经常性深入课堂听课，将问题及时反馈给学校，学校及时采取措施进行解决，保证了日常教学秩序的正常运行，教学督导人员参与各教学单位的教学检查，推动了二级学院教学管理的不断完善与健全，教学督导人员通过课堂教学督导与教师专项培训活动，促进了青年教师快速优质过教学关，提升了师资队伍水平，督导人员参与精品课程、建设与评估，推动了学校课程体系、教学手段与方法改革，督导人员参与教学评估、专业认证、教学评估等工作，推动了学校学科专业建设，使学校的教学水平与质量不断提升。

（三）强化教学督导工作的措施

1. 构建健全的督导制度体系

（1）确定合理的督导模式

随着新一轮普通高等学校本科教学工作合格评估的开展，学校应以促进教学质量的提高为重心，以发现问题为前提，以改革教学环节为途径，重新定位教学督导工作，重构与本科教学合格评估相结合的校院二级督导管理机构，在二级学院成立院级督导小组，将教学督导工作重心下移，进一步强化各学院的自我质量监控功能，充分调动二级学院的积极性，发挥各学科专家在各自专业方面的优势，使督导工作更有针对性、更具实效性。

（2）健全教学督导体系

进一步明确督导人员的责、权、利，提高教学督导在质量监控体系中的地位和作用，强化其督导功能。

2. 督导与服务相"融合"

"导"是教学工作的重点内容，"督"是为了更有效地"导"，以"督"为辅，以"导"为主，两者相融合才能使"导"具体到位，"督"得到延伸和落实。督导人员要通过对教师工作的"督"，了解和掌握其不足，帮助他们解决教学中出现的问题，改革教学方法与手段，提高教学技能；督导人员要挖掘教师的潜能，帮助他们总结经验，养成个性化的教学风格。同时，校院两级管理部门要定期组织召开督导工作会议，听取建议，梳理信息，解决督导中存在的问题，帮助督导人员提高工作效率与督导水平，以便更好地服务教学工作。

3. 构建"三督一体"督导内容体系

从内容上看，教学督导包括三个以下主要部分：督教、督学和督管。督教就是对教学环节的监督检查。督学是对学生学习活动的检查和指导。学生是学校教学质量的载体，是教学督导的重要对象。督学内容包括学生"三观"、思想政治觉悟、学习自觉性等方面；通过检查，提高了学生的自制力和自我管理能力，提高了学生的综合素质。督管是对教学管理人员的检查和指导。一方面，学校要检查和评议教学管理人员的工作，确保教学管理部门最大限度地履行教学管理职责；另一方面，学校对教学管理人员进行系统的教学管理知识培训，提高教学管理人员的素质和能力。可见，要想充分、高效地发挥教学督导作用，就要构建"三督一体"的督导内容体系。

4. 加强督导队伍的专业化建设

督导人员需要精通教育理论、教育管理和教学实践。建立一支专兼职相结合、专业和年龄结构合理、素质优良的导师队伍，不仅是高等教育教学改革发展的需要，也是高校要提高教学质量的需要。高校应加强督导人员队伍专业建设，要想优化督导人员队伍专业结构，就要求督导人员具备专业知识、专业技能和职业道德，除此之外，还要建立有效的教学督导人员培训机制，明确督导人员职责和权力，并加强他们的理论和技术培训，提高监督工作水平。

综上所述，教学督导是保证教学质量的有效手段，对教育决策的制定、教学管理的规范化、教学质量的提高起到了积极作用。高校教学督导体系能否顺利建设并且高质量运行，关键在于是否拥有一支高素质的督导队伍。

第三章 高校学生管理理念与方法

本章为高校学生管理理念与方法，分别是高校学生管理类型、高校学生管理工作加强和改进的对策。

第一节 高校学生管理类型

一、高校学生行为管理

想要了解一个人的思想状态和精神面貌，观察行为是较好的方式。对高校学生的行为进行必要的管理和规范，从学生来看，有助于个体养成优质的品德和良好的行为习惯，从学校来看，有利于建设良好的校风、学风，从社会来看，有利于社会的安定与和谐，以及对文明风气的形成产生正向的促进作用。

（一）高校学生行为管理概述

1. 高校学生行为管理的内涵

"行为"一词在《现代汉语词典》中的解释是"受思想支配而表现出来的活动"。[①]从广义上说，行为指可以观察到的，主体是生物适应环境的活动；从狭义上说，行为的主体是人，行为是人内在心理和生理对于外部因素的刺激和影响下所产生的外在表现。总结来讲，人的行为是指，以先天遗传为基础，经过后天学习呈现出来的活动，这一活动具有主动性，主要是适应环境和改造环境。

行为管理的产生有几个因素，分别是西方工业化速度加快、社会化大生产的发展、企业的主要劳动力改变、西方国家经济危机和劳资双方冲突加剧。关于行为管理理论，不同学派有着不同的观点。一是以泰勒为代表的古典管理学派，这

---

① 商务国际辞书编辑部.现代汉语词典［M］.北京：商务印书馆国际有限公司，2017.

一学派的观点中将"人"看作"经济人",没有尊重人的其他要素。二是梅奥的"社会人",这一假设是行为科学的理论基础,重视人的要素。研究方法是,依据"需要引起动机,动机支配行为"这一基本原理,以人的心理因素为研究视角,解析人的行为规律。行为管理理论在组织管理中发挥了重要作用,为组织目标的实现和组织效率的提升提供了理论支撑。

对高校学生的行为进行管理和引导是学校教育不可缺少的一部分,原因在于:第一,学校的本质。学校是教育者为受教育者提供教育活动的公共组织机构,注重的是对人的培养和教育,其中一个重要内容就是促进学生个体的社会化。众多学生在一个公共环境中进行共同的学习和生活,离不开秩序,每个学生个体遵守公共秩序就是一种社会行为。第二,学生理性培养尚未完善。在高校这个学段的学生,行为往往会受到欲望、情绪的驱使,面对外界的诱惑和利益没有足够的理性去克制。为了防止学生的行为出现越轨,高校要重视对这方面的教育。第三,行为道德不稳定。想要让学生正当的行为成为深入骨髓的习惯,除了学生的自制能力要强大外,还需要学校进行正确的导向教育和练习,这样才能形成良好的道德品质。

高校学生行为管理是指对高校学生行为过程的规律进行研究和探讨,从而能够对高校学生行为的目的、手段、结果,通过科学的方式进行正确且积极的指导、评价、纠正和控制,帮助学生养成高尚品德和良好行为习惯。对高校学生行为管理进行划分,根据标准的不同,划分的内容也有差别。第一,根据管理主体划分,包括学校管理和学生自主管理;第二,根据管理内容划分,包括但不限于从校级、院级、班级的不同层面对行为管理规范进行不同程度的细化,对行为管理教育的宣传力度和执行措施是否到位,对学生的良好行为习惯是否进行引导以及纠正学生的不良行为;第三,根据高校学生行为表现划分,主要包括学生的学习行为管理、社会实践行为管理、交际行为管理、消费行为管理等。

2.高校学生行为管理的意义

对高校学生进行有效管理,不仅是学校校风、学风建设的要求,还对学生的长期发展有着影响。学生最终会步入社会,成为社会的重要一分子。因此,对高校学生行为进行管理也是社会和谐稳定的需要。

（1）高校学生行为管理是完成学校育人目标的需要

高校学生行为管理具体来说是对学生的基本行为进行约束及指导，这在高校教育管理中有着不可取代的作用。德国教育家赫尔巴特曾指出："如果不坚强而温和地抓住管理的缰绳，任何功课的教学都是不可能的。"[①] 当前，高校学生行为管理的方法是将管理和教育结合起来，重视教育活动的整体健康有序和育人氛围的良好营造。

因此，对学生的行为是否进行科学有效的管理、管理秩序是否规范，这些关乎学校育人目标的实现于否。要将高校学生行为管理作为高校整体教育工作中的重点内容，在实际工作中有重点、有针对性地落实和推动。

（2）高校学生行为管理对于学生的促进作用

在大学时期，高校学生不管是身体还是心理，都会发生翻天覆地的变化。在这一阶段，高校学生对于道德和行为的认知都具有不稳定性，因此，高校教育是否进行了正确的引导具有重要的作用。具体来说，想要让学生的良好行为成为习惯，需要采取一定的措施。从外在形式上，要运用教育、管理的手段来规范；从内在思想上，要帮助学生树立正确的道德价值观念。学生的行为并不是固定不变的，会不断出现新的特征、新的问题和新的情况，高校学生行为管理机制即对这种情况不断地完善和更新。高校学生行为管理的目的是帮助学生树立对行为举止的正确认识，树立学生自我管理的理性意识，促进学生本身的全面发展和机制的完善。

（3）高校学生行为管理是维护高校、社会稳定的重要保障

高校学生行为管理主要是指对学生的日常行为进行引导和规范，让学生的行为能够符合校园规范和社会道德，进而促进校园环境和社会环境的和谐稳定。在高校层面上，实施有效的高校学生行为管理有利于保障学校的秩序稳定运行以及良性发展，确保人才培养工作的高质量完成。在社会层面上，首先，高校学生是社会群体中的重要组成部分，对高校学生的行为进行管理，帮助其树立正确的道德意识，让高校学生的正确意识行为对其他社会群体产生好的影响，促进社会风气的建设。其次，高校学生是国家未来的主人公，高校学生的质量如何对未来国家的发展有着重要影响。因此，不管是社会还是国家，都十分重视对高校学生的

---

① 赫尔巴特.普通教育学［M］.李其龙，译.北京：人民教育出版社，2015.

培养。加强对高校学生行为的管理和引导，对于保障高校乃至社会稳定都具有重要的意义。[①]

（二）高校学生学习行为管理

学生的首要任务是学习，因此，要高度重视高校学生的学习行为。加强对高校学生学习行为的管理和引导，对于学生学习意识的培养、学习方法的确立、学习习惯的养成都有着促进作用，这会为学生的未来发展奠定坚实的知识基础。

1.高校学生学习行为的类型与特点

《现代汉语词典》对"学习"的定义有两类，一是指从阅读、听讲、研究、实践中获得知识或技能，二是指效法。从广义的概念来看，学习是指人和动物依靠原有的经验对自己的行为进行适应环境的神经活动过程，主体包括人和动物；从狭义的概念来看，主体是人掌握人类社会经验的过程。

高校学习行为是指高校学生作为活动主体，在以获取知识和技能为目的的活动中表现出来的行为。从根本属性上说，高校学生的学习行为是一个认识社会和自然的过程，是从对社会和自然的盲目性认识到自觉性认识的过程。

（1）高校学生学习行为的基本类型

①按学习方式划分。第一，教师引导型。由于每个阶段学生对于学习的需求不一样，所以教师的教育方法需要作出相应的改变。在中学阶段，学生的学习可能只需要单一的课堂学习。但是在大学阶段，学生的学习需求更加趋向多样化，学习方法也发生了一定程度的变化，教师不再是唯一的学习知识的来源。教师在大学阶段主要是对学生的学习进行引导，不再是直接的知识传授。教师的意义在于，为学生指明学习的方向、提供学习资源、分享自身的学习经验和方法、对难点进行讲解。第二，独立研究型。学生利用网络、图书馆等多种渠道获取学习资源，自主进行学习和研究。第三，集体研讨型。学生根据兴趣爱好、专业参与学习小组，对学习问题进行集体研究的学习行为。学习除了教师教导和自主钻研外，还可以通过组建学习小组，运用群体的智慧解决难题。除此之外，讨论是一个思

---

① 王伟，贾红果，高华，等.高校学生行为安全管理的动力学分析[J].天津大学学报（社会科学版），2018，20（5）：418-423.

想碰撞的过程，在小组学习的讨论中可以加深对问题的理解。

②按学习动机划分。学习动机是指为了达成某一学习目标的一种内在动力。学习动机和学习行为的关系十分密切。一方面，学习动机驱动学习行为；另一方面，学习行为是学习动机的具体体现。根据学习动机，高校学生的学习行为分为以下几类：

自我实现型：这类学习行为是为了满足自己的需求，其中蕴含的学习动机是内部动机，具有积极性、自觉性、主动性等特征。

知恩图报型：这类学习行为是为了符合父母、师长以及社会的期待，对于他们的付出想要给出回报的学习动机，这类学习动机具有稳定性。

谋求职业型：这类学习行为主要是为了就业，其学习动机是外部动机，受外部因素影响较大，一般会随着外部条件而变化。

应对考试型：这类学习行为的学习动机是通过考试，取得高分。

③按学习结果划分。美国教育心理学家罗伯特·加涅按学习的结果把学习活动分为五类。高校学生的学习行为也可以从这一维度进行划分。

言语信息的学习：主要有两层意思，一方面是学生掌握信息的渠道是言语信息（言语交往或印刷物），另一方面是学生掌握学习后所表达出来的形式是言语信息。言语信息的学习通常是有系统、有组织的，学习者在此类学习中学习到的知识不限于一个方面，而是与教学目标有关的各方面知识。

智慧技能的学习：运用符号或者概念与环境的交互作用的能力的学习，智慧技能包括辨别、概念、规则、高级规则这四个层面。相对于言语信息解决的是"是什么"的问题，智慧技能解决的是"怎么做"的问题，对外界的符号和信息进行处理。智慧技能的学习，另一种称呼是过程知识。

认知策略的学习：这一学习行为是学习者对自己的思维、注意力、学习能力、记忆进行调动，从而能对学习过程进行全面把控。总结来说，认知策略是学习者对自己的学习过程进行整体把控的一种学习方式。采用这种策略学习的学习者能够对学习有一个宏观上的掌握，调动自己的能力来学习。这一策略是目前教育心理学研究的重点内容。因此，学校也要促使学生进行认知策略学习。

态度的学习：态度是指人对于某件事物的看法和观点，以及体现出来的外在表现，进而对行为产生影响。因此，学生对学习的态度会对学习的过程和效果产生影响，学校要重视学生学习态度的问题。

运动技能的学习：运动技能又称为动作技能，包括写字、作图、操作仪器等技能。

（2）高校学生学习行为的特点

与一般的学习行为相比，高校学生学习行为具有以下特点：

①专业性与广泛性并存。专业性是指高校在对培育目标、教育内容、课程设置方面进行界定时，划分的依据是专业，不管是教学活动还是学习行为，都具有专业性。广泛性是指高校在根据专业划分教学内容时，还划定了一部分公共基础知识，如英语、计算机等，学习的学生没有专业限制。除此之外，广泛性还体现在高校学生在学习时没有局限在课内和现实，课外实践、网络课程都是他们学习的渠道，并且除了专业的需要外，还会根据自己的兴趣爱好和自我需求进行自我学习，学习的形式多样、内容广泛。

②自主性与依赖性并存。目前在一般的高校教育中，采取的是学分制和弹性学制，高校学生可以在完成基础课程的基础上进行自由选课，可以根据自己的学习需求把握学习时间、学习目标和学习内容。因此，高校学生的学习行为具有自主性。但是，高校学生受到自身能力、阅历等各方面的限制，以至于学习活动不能完全脱离教师，这是学习行为具有依赖性的原因。

③阶段性与整体性并存。阶段性是指学生在高校学习的不同阶段，其学习目标和学习重点会有所差别。以大学本科生的学习为例，在大一时期，由于是从高中过渡到大学，在学习行为上要进行大的改变，因此这一阶段的重点学习内容是专业基础知识和公共基础知识。在大二时期，学生的学习行为趋向稳定，学习更侧重于对专业理论和基础技能的学习。在大三时期，学生对于自己所学的专业有了更深层次的了解，对于学习目标也更加明确，学习内容也趋向深化。在大四阶段，学生要考虑的是就业问题，因此，学习的内容更加重视实用性，注重实践。在学生的学习行为呈现阶段性的同时，把大学看作一个整体阶段，学生的整体目标和学习内容在本质上没有太大的变化，学习行为是围绕学习目标和学习内容开展的。因此，学生的学习行为也具有整体性特征。

2.高校学生学习行为的管理与引导

伴随着社会的发展和高等教育的深入改革，高校学生的学习行为趋向自主化和个性化。因此，高校教育要使学生端正学习态度，对学生行为进行管理和引导，帮助学生树立明确的学习目标，提高学生的创新能力和学习能力。

（1）明确学习目标，激发学生深层学习动机

学习动机和学习目标是紧密相连的，学习动机体现的是学习目标的需要。要对高校学生的学习行为进行管理和引导，要做的第一件事情就是引导学生树立科学的学习目标、对学习行为的目标意识进行强化，从而形成科学的学习动机。具体来说包含两个方面。

①引导学生对个人需求和社会发展的管理进行理解。学生的个人需求要与社会需要有一定程度的结合，从而确立科学的学习成长目标。想要达到这个目标，可以通过正面激励，辅以职业发展课程的措施，让学生认识到只有树立了正确的目标，才能明确发展的方向。

②对学生的深层次学习动机进行激发。对学生的学习行为进行管理，出发点应该是学生个体的特质和兴趣爱好，教师要对学生的学习兴趣进行更深层次的挖掘，引导学生能够自觉学习，从而形成长期的学习动力。

（2）强化自主学习管理模式，提升学生自主学习能力

在大学这一阶段，学生在思想上更加独立，对于知识的获取也不再单纯依靠教师。因此，在高校教育中更重要的是提高学生的学习能力以及教授学生学习方法，这样才能促使大学生更有实力地走入社会。为了达到这个目的，高校教育要从以下三方面进行：

①有针对性地对学生的情况进行客观分析，根据学生的个性特点和自我发展需要，对阶段性的学习进行一个合理的规划，为学生的自主学习提供方法指导，帮助学生建立大学四年学习规划就是一种方式。

②促使学生的自主学习和小组学习相结合，学生的自主学习固然重要，但是积极参与小组学习也有其必要性。在学生的自主学习中学生可以独立思考，这是充分挖掘个体智慧潜力的体现，而参与小组学习则可以发挥群体智慧，解决个体所不能解决的问题。

③为学生的学习提供适宜的环境和丰富的资源，如对图书馆和教室的相关设施进行完善，开放学校图书馆、网络课堂等公共资源，为学生提供更多的实践机会，让学生能在实践活动中对自己的学习情况进行验证，强化学习意识。

（3）建立科学长效的学习奖惩机制，营造良好的学习氛围

学习奖惩制度是国家和学校为了培养人才而采取的一种措施，奖惩能够直接影响学生的学习行为，为学生学习行为的健康发展提供重要的制度保障。

①学习奖励机制。学习奖励机制要保证评判标准的科学性以及设置时长的长效性，设置学习奖励机制，其目的是对学生的全面发挥起到促进作用，这一机制要坚持正面改后为主的原则。学习奖励机制具体表现为，对在某一方面有突出表现和贡献的学生进行精神或者物质上的奖励，通过奖励让该学生对学习更加有信心有热情，并且促使其他学生对学习方式和行为有正确的认识。

②学习惩戒机制。对于表现优异的学生有奖励，相对应地，对于有不良行为的学生要实施惩戒机制。这一机制就是要坚持教育为本、严格规范的原则，通过设立警示、预防、处理等方式，对学生的不良行为进行矫正。除此之外，这一机制的设立意义还在于保证学校教学管理秩序正常有效的运行，确保学风、校风的成功建设，促进公正和谐的校园环境的建设。

（三）高校学生社会实践行为管理

社会实践是大学生思想政治教育的重要环节，对于促进大学生了解社会、了解国情、增长才干、奉献社会、锻炼教力、培养品格以及增强社会责任感具有不可替代的作用。随着高校学生社会实践活动的不断发展，高校学生社会实践行为的管理已成为高校学生行为管理工作的一个重要方面。

1.高校学生社会实践行为的类型与特点

高校学生社会实践行为是指高校学生根据教学目标的要求，通过自己的实践来深化教学理解、服务社会以及促进自身全面发展的行为。让大学生进行社会实践是高校在培育人、教育人时采取的一种方式，目标通常是"受教育、长才干、做贡献"，主要是让学生能将自身所学的知识运用到实践活动中去，属于高校教育的课外教学。

（1）高校学生社会实践行为的类型

①按实践范围划分。高校学生社会实践行为在范围和空间上没有明确的界定。根据开展社会实践的范围划分，高校学生社会实践可以分为校外和校内。校外社会实践行为有校外教学实践、校外专业实习、假期工作实践、社会调查等；校内社会实践行为有校内勤工俭学、毕业设计、军事训练等。

②按实践内容划分。第一，学习研究型。是指高校学生在教师的指导下，对问题（包括专业上的问题和社会热点问题）进行深入社会的调研。参加这类实践活动，对高校学生在发现问题和解决问题的意识和能力上有提升作用，在撰写调研报告和发表科研成果的过程中还能锻炼学生的学术科研能力。除了这一类调研外，学习研究型还包括学校根据学生的专业需求，组织学生进行统一实习。第二，志愿服务型。是指学校、学生团队或个体为了满足社会的需求而开展的自愿的具有公益性质的服务活动，比如，义务教学、绿化城市等活动。此类活动的意义在于让学生能够认识社会，担当社会责任，从而培养学生的奉献精神和社会责任感。第三，参观教育型。是指学校和学生自发组织的一种参观活动，主要地点有博物馆、历史古迹、工厂等，在参观考察这种直观的感官体验中深化思想，对社会进行了解。第四，有偿劳动型。是指学生为了得到经济报酬而进行的社会实践活动，既包括学校提供的勤工俭学岗位，也包括学生团队或个体自发组织的到企事业打工的行为。此类活动的意义在于培养学生"不怕苦，不怕累"的实干精神，提高学生的就业能力。

（2）高校学生社会实践行为的特点

高校学生社会实践行为呈现的特点主要包括以下几方面：

①体验性。高校学生如果想要真正掌握学习的知识和技能，那么进行实践活动是势在必行的事情，即通过实践对知识进行运用和体验。高校学生的理论知识主要来源于课堂，需要明确的是，理论知识如果不能运用，就没有意义，而参与社会实践就是最好的运用理论知识的方式。高校学生可以通过自己的感官体验对社会有一个更深入的认识，能够将自己学习的理论知识与实践情况进行对比和验证，将理论与实践真正结合起来，进而解决实际问题。

②专业性。高校学生进行专业知识学习，其目的包括对这一专业领域进行深

入的认知和了解，进而能够针对这一专业涉及的实际问题，找到一个更好的解决方式。因此，高校学生社会实践具有专业性，主要体现在以下两个方面：第一，在实践活动中对自己所学的专业知识进行验证，加深理解，最终能够将所学的专业知识运用于解决实际问题，实现自己所学知识的价值；第二，实践行为的方式和内容具有专业性，高校学生对所学的专业知识和技能有一定程度的掌握之后，能够更好地推动社会事业的发展。

③阶段性。在高校学生社会实践中阶段性主要体现在以下两个方面：

第一，高校学生社会实践是高校学生社会化过程中的一个重要阶段。人在大学阶段不管是生理还是心理，都处于一个成长、成熟的阶段，一般来说，这一阶段的下一个阶段就是步入社会。因此，这一阶段的社会化任务是从各方面对进入社会、承担社会责任做好准备，这一阶段的实践成果来源于学习。

第二，实践内容具有阶段性。在不同的时期，由于学生需求目的不同，因此在社会实践的内容上会有所差别。相对来说，低年级的社会实践地点更趋向于校园以及校园周边，其目的是丰富课余生活、培养兴趣和爱好、提高自己在某方面的能力。高年级的社会实践地点则有更多的选择，高年级的学生即将踏入社会，转变学生的身份。因此，在社会实践活动的选择上更倾向于提高自己的就业能力，将自己所学的知识与社会实际结合起来。

要明确的是，除了贯穿大学生涯的社会实践活动以外，其他社会实践行为在学生参与的时间上都具有阶段性。

2.高校学生社会实践行为的管理与引导

（1）完善运行机制，充分调动高校学生参与社会实践的积极性

调动高校学生积极参与社会实践可以采取的方式有以下几种：

第一，将社会实践纳入教学体系中，使其成为教育中不可缺少的一部分，成为培养人才的重要内容。比如，将社会实践学分作为基础学分划入学分制中，学生想要修满学分必须进行社会实践活动。

第二，建立健全保障和激励机制。可以采取的具体措施有：设立专项基金，其中的资金用于支付学生进行社会实践中产生的费用以及奖励在社会实践活动中表现出色的学生；将社会实践能力列入评优评先、综合素质评价等评选活动的标

准中去，让学生重视社会实践能力。

第三，重视考核评价机制的建立和完善，评价的标准必须具有科学性。要从各个角度对学生的社会实践能力进行评价。在对实践活动的结果进行反馈时，要让学生对实践活动中的经验进行总结，以及思考其中存在的不足，以便优化下一次社会实践活动的开展。

第四，促使社会实践运行的基地化、项目化及社会化。具体方式是：在校内或校外建立实训基地，这需要加强与企事业单位的联系和合作。借用资源成立社会实践场所，运用招标的方式对实践项目进行确定，保证实践活动的实效性。

（2）强化专业指导，确保学生社会实践活动的科学开展

学校要结合实际情况，在校、院等不同层面对学生社会实践活动指导体系进行细化。在学校层面，要设置有专业人员负责的高校学生社会实践领导小组，对内加强指导和组织，对外提高沟通和联络频率，通过建立科学规范的管理制度，确保社会实践能够有计划、有效果地进行；在院系层面，要充分发挥院系的专业优势，对现有的社会资源进行整合，选拔出优秀的教师团队，从而为学生提供及时、专业、有效的社会实践指导，确保社会实践能够取得期望的效果。除此之外，高校还要对学生社会实践进行研究，得出理论化的知识，从而更好地指导学生的社会实践活动。

（3）加强示范宣传，扩大社会实践活动效果的影响力

不管是在实践活动的开始、进行还是结束阶段，都要进行示范宣传工作，这对于实现宣传、鼓励和教育有着至关重要的作用。高校要运用多种方式，促进社会实践者与其他学生的交流与互动，能够增强示范引导作用。

高校采取的方式主要有两方面：一是对具有示范性的社会实践团队或个人进行培育和选拔，为他们的发展提供更大的平台空间。主要是高校教育管理者要从实际行动中去支持。进行奖励和宣传，对能够促进高校学生全面发展并且具有广泛积极性影响的社会实践活动，要进行充分的挖掘，并实施物质或精神上的奖励，进一步扩大影响力；加强培育，社会实践活动要以学生的兴趣和爱好为导向，有意识地对具有潜力的优质团队和个人进行培养。二是采取多种渠道的宣传方式，对实践活动的事件、人物、成果进行宣传，宣扬优质社会实践活动带来

的良好社会效益，让更多的高校学子参与到社会实践活动中去，促进学生全面发展。

二、高校学生群体组织管理

（一）高校学生群体组织管理概述

高校学生组织是一种学校教育组织，是高校学生实现自我发展的重要渠道，也是开展高校思想政治教育的重要载体。如果想对高校学生组织进行科学管理，就要对其特点和内涵进行研究。

1. 高校学生群体组织的内涵

《辞海》中对"组织"的解释是"按照一定的目的、任务和形式加以编制""也指编制的集体"，是"组织的形式或组成部分之间的关系"[1]。组织行为学将"组织"定义为"组织是为了达到个体和共同目标而一起工作的人的集合。组织之所以存在，是因为它能够满足人们日常生活和社会活动的种种需要"。管理学认为：就组织特定的内涵而言，组织是按照一定的目的和形式而构建起来的社会集团。组织是为了满足自身运作的要求，必须要有共同的目标、共同的理想、共同的追求、共同的行为准则，以及相适应的机构和制度。巴纳德将组织定义为"有意识地加以协调的两个或两个以上的人的活动或力量的协作系统"[2]。归纳起来，可以将高校学生群体组织界定为：两个或两个以上具有某种相似性特性的学生，为了实现一定的目标，按照某种特定的方式联系在一起开展活动的群体。

高校学生群体组织的产生源于高校学生的自我需求与高校教育目标、规律的相互作用。高校学生的内在心理需求主要体现在以下几个方面：

第一，情感交往的需求。在学校期间，学生对于交往方面的需求比较强烈，渴望自己能够被他人看到，并得到认可。通过突破自己原有的交际圈，用来开阔自己的视野，丰富自己的生活，摆脱孤独感。因此，很多大学生热衷于群体活动，由此促进了高校学生群体组织的形成。

---

① 上海辞书出版社编. 辞海［M］. 上海：上海辞书出版社，2019.
② 切斯特·I. 巴纳德. 组织与管理［M］. 杜建芳，译. 北京：北京理工大学出版社，2014.

第二，获得认同感的需要。高校学生希望能够对自己的才能进行各方面的展示，从而获得社会和他人的认可。学生群体组织抓住这一心理，组织各项活动，如校园十佳歌手大赛、校园舞者等活动，这些活动为有才能的学生提供了展示的平台，让学生能够更真实地认识自己并且实现自身的价值，从而满足获得认同感的需要。

第三，学生自我发展的需要。就业的压力让学生意识到要提高自身的能力和价值。在新闻报道中，大学毕业生逐年增加。学生组织面对现实情况，组织进行各类培训和竞赛，让参加的学生能够锻炼能力，提高素质，进而实现自我发展。

对高校学生群体组织进行分类，有以下多种方式：按照组织结构的完整性和紧密性，可以分为正式群体组织和非正式群体组织；按照组织存在是否真实的情况，可以分为假设群体组织和实际群体组织；按照组织的目标和性质，可以分为政治型、学习型、兴趣爱好型等群体组织。

2. 高校学生群体组织的特点

高校学生群体组织是由处于大学阶段的青年人组织而成的，相比于其他社会组织，无论是活动目的、活动形式还是组织文化，都有其独特之处。这些特点主要体现在以下几个方面：

（1）相似性

高校学生组织群体的相似性主要体现在以下几个方面：

①相同或相似的认知水平和思维方式，主要原因在于高校学生群体组织的组织者和参与者在接受教育的程度上没有太大的差别。

②对基本问题的认识上存在相似性，主要原因在于高校学生群体组织人员基本处于同一年龄段，不管是在思想上还是心理上，都存在相似性。

③相似的理想和目标。高校学生组织群体在建立的时候就对组织有一个明确的定位，对于加入的学生也设置了相应的门槛。因此，参与组织的学生基本上有着共同的理想和目标，最多的是为了对自己的专业知识进行丰富以及对综合能力进行提高，从而能够获得更多的工作机会以及更好的学习渠道。

④根本的发展方向和成长目标是相似的，即使在形式和目标上各个群体组织存在差异性，但是组织建立的目标一定是积极向上、催人奋进的。

（2）年轻化

高校学生群体组织相对于其他组织，成员在年龄上具有年轻化特点。大部分人在大学期间处于青年期，在这一时期身体素质好、思维活跃、热衷于新事物，以及对于自己在能力的提高和个人价值的实现方面有着明确的目标，同时步入高校的学生本身在逻辑思维和抽象思维上就具有优势，因此，高校学生群体组织不管是在生活还是学习方面，都会表现得比较活跃和积极。

（3）互动性

互动是指各个要素相互联系、相互作用的过程，包括个体与个体、个体与群体、群体与群体之间的信息进行沟通和传播的、相互依赖的社会交往活动。在高校学生群体组织中，互动交往是一个重要特征，相比于其他社会组织的互动交往，既有相同点也有不同点。相同点在于只要组织内部成员不进行各种形式的联系，那么就不会有互动，也不可能产生关系进而形成组织；不同点在于高校学生群体组织的互动交往具有全面性、深入性等特征。

在大学阶段，学生所处的环境相对自由，社会关系也没有那么复杂，学生因为共同的爱好和目标产生互动和联系。高校学生产生互动和联系的内容涵盖大学生活和学习的各个方面，比如，学习难点问题的探讨、生活帮助、娱乐活动等。因此，可以说，高校学生群体组织的互动交流更加具有全面性。而深入性则体现在学生是校园活动的主人翁，从组织者到参与者，都是学生。学生在组织活动和参与活动的时候，需要进行各项工作任务的分配和协调，因此，互动和交往频繁、深入。

（4）文化性

在社会文化的发展中，高校的文化建设至关重要。因此，对于高校学生群体组织的文化性有所要求。高校学生群体组织的成员大多来自高校，相对于其他一般的社会组织，学历水平较高，不管是在科学知识的学习方式还是掌握程度上，相对而言都具有一定的优势，这是高校学生群体组织高品位文化特征的体现。除此之外，高校学生群体组织的文化性还体现在高校学生的自我要求较高。随着素质教育的不断推进以及社会竞争的激烈，学生在对自我素质和能力的提升上更加自觉和主动，这些学生聚合到一起就成了一个高素质水平的学生组织。

3.提升高校学生群体组织管理的策略

随着我国高等教育视野的不断扩展,对高校学生组织进行管理的重视程度也日益提高。我们在看到高校学生组织管理事业不断进行的同时,也要对管理事业有一个客观清晰的认识。高校学生组织随着学生自主能力的提高和创新思维的发展,在数量上有了一定的增加,在形式上也更加多样。

想要做到学生群体组织管理工作的系统化、现代化、规范化和科学化,高校学生群体管理工作就必须作出相应的改善。具体措施有:一是加强教育,要重视思想政治教育,学生群体组织如果在整体思想上出现了问题,那么影响的不只是组织成员,还会影响整个学校的思想文化氛围;二是行为管理的创新,高校学生群体组织的行为并不是一成不变的,行为管理要根据行为的改变进行创新;三是制度管理的完善,通过规范的制度促使高校学生群体组织更规范;四是深入研究,对于现在的情况进行分析,并形成理论化成果,使高校学生群体组织的教育和管理工作更加科学化。①

(二)高校学生正式群体组织管理

高校学生想要融入校园生活,党团组织和班级是最基础的部分。因此,重视高校学生正式群体组织管理就是要加强对党团组织和班级的引导和管理,在引导和管理中帮助学生坚定理想信念,从而形成健康文明的生活方式,进而提升情感价值品位,增长才干。

1.高校学生正式群体的内涵及特点

(1)高校学生正式群体的内涵

高校学生正式群体是大学校园内相对稳定的学生群体组织形式,主要包括学生团组织、班集体、学生会等群体。

学生团组织在学校党委领导下开展工作,主要有团委、分团委、团总支、学生团支部等,学生团组织是联系青年学生的重要纽带和桥梁,是中国共产党的助手和后备军,是团员青年学生的忠实代表。团组织的性质决定了其在全国推进高校学生素质教育、培养合格人才的工作中责无旁贷。

---

① 班秀萍,叶云龙.全面质量管理与高校人才培养[M].长春:东北师范大学出版社,2017.

　　班集体作为学校教育教学的基本单位，是学生共同成长的重要组织，以健全的组织形式对成员发挥着管理功能。班集体有明确的规章制度、有健全的管理机构，学生在现实生活中的许多问题都是通过班级来解决。班集体作为高校在校学生的基本组成形式，还发挥着教育功能。其凝聚力是一股无形的、强大的力量，对班集体成员起着激励和约束的教育作用。良好的班风对每一位学生的价值观念、行为规范、学习风气等方面都有着潜移默化的引导作用。

　　高校学生会组织是在学校党委的领导和学校团委的指导下形成的学生群众性组织，是全校学生利益的代表。学生会是联系和沟通学生与学校党政部门的重要桥梁和纽带，以营造良好的学术氛围、增强校园文化底蕴为工作重点，进行自我教育、自我管理和自我服务。同时，学生会还是学校有效开展校务管理、实现学校育人目标的重要依靠力量。因此，可以说，学生会是高校学生正式群体的重要组成部分。

　　（2）高校学生正式群体的特点

　　高校学生正式群体具有健全的组织机构、完备的组织制度，具有很强的凝聚力。正式群体是思想政治教育的重要载体和依靠力量，是沟通学校和学生的桥梁和纽带。高校学生正式群体表现为以下几方面的特点：

　　①具有较强的方向性。高校学生正式群体是为了完成某一特定功能而建立起来的，具有较强的方向性和目标性。例如，学生党团组织是上级党团组织为了实现对于基层党员、团员进行有效管理而建立的组织，承担了传播主流价值观以及党的路线、方针、政策，有效贯彻党的政治主张、基本路线和基本纲领等政治任务。班级是为了完成高校学习功能而形成的群体，其基本功能是接受教育或学习。学生会是为了促进学生自我教育、自我管理、自我服务而统一建立的自治组织。因此，相对于其他群体来讲，正式群体的目标更加明确，方向性更强。

　　②具有较强的规范性。高校学生正式群体基本属于"科层制"管理模式，即组织有极其严格的规章制度和等级制度，下级服从上级是基本的组织纪律，具有较强的规范性。学生党团组织要遵循党章、团章，以及学校基层党组织的相关规定和要求，在学校党委及其职能部门、校团委和院系党团组织的领导和指导下开展工作。班集体作为高校管理的基本单位，有健全的管理制度，规范着班级管理

的各个基本环节和学生的基本行为规范。学生会虽具有一定的自治性，但直接接受党团组织的指导，具有严格的章程、科学的机构设置、明确的工作要求和严格的考核制度。较强的规范性确保了正式群体及时、有效地贯彻落实党的方针、政策和学校的制度规范、发展要求。

③具有较强的凝聚力。从行为科学角度看，凝聚力是指挥体对成员的吸引力和成员之间的相互吸引力，既包括群体对其成员的吸引力，又包括成员对群体的向心力。高校学生正式群体和群体成员之间也有着很深的感情和很强的感染力。党团组织以马克思列宁主义凝聚人，以优秀党员、优秀团支部干部的良好形象影响人。它的凝聚力体现在党员、团员和普通学生对党团组织的忠诚和拥护。班集体主要通过良好的班风和班级文化来凝聚人，其凝聚力体现在学生能够形成很强的集体主义观念。学生会主要通过和谐健康、积极向上的文化氛围和学生自我管理的有效实现凝聚人，其凝聚力体现在学生对学生会组织活动的认可与参与。

④具有较强的先进性。与其他组织不同，正式群体在选拔、考核、晋升学生干部时都把学习成绩、工作能力，以及生活、学习作风作为一个必要条件，学生干部的选拔、培养是一种先进模式。这使得正式群体成为优秀学生汇聚的组织团体。

2. 高校学生正式群体的管理与引导

高校学生正式群体是学校教育管理的基本单位，是学生思想政治教育的主要载体，对于正式群体的管理和引导要符合其自身特点，突出其思想政治教育功能，创新其教育管理手段。

（1）以思想建设为核心，加强正式群体的先进性建设

在正式群体的思想建设中，理论思想是社会主义核心价值体系。具体来说，要关注时政要事，提高对世界局势和国情、社情的认识程度，培养政治理论素养。实施方法主要是以下几点：

第一，通过对理论知识的学习增强正式群体的先进性。具体措施有：党团组织定期开展政治理论学习；班级定期开展班会或讨论会，对党和国家的重要时政新闻和政策法规进行了解和学习；学生会定期组织讲座、培训等。

第二，通过制度建设保障正式群体的先进性。在进行正式群体思想建设的过

程中，高校教育管理工作者如果想要确保目标的实现，那么就离不开过程的监督以及对建设过程中采取措施的反馈。

①建立健全管理制度，不管是班级管理制度，还是学生会管理制度，甚至物品管理制度，都要对正式群体学生的行为以及管理的各个基本环节进行规范。

②建立健全制度运行机制，将正式群体的发展纳入学校教育管理的环节中。

③建立健全正式群体的竞争和激励机制，比如，开展优秀学生干部、团员、党员评比活动。

④建立健全制式群体的考核和评价机制，比如，建立学生干部量化考核机制、学生干部职务晋升机制等。通过推进正式群体的制度建设，可以提高管理效率，进而推动正式群体的健康发展。

（2）以学生自我教育为重点，充分发挥正式群体的朋辈效应

"朋辈效应"是指具有相同背景或共同语言的人对信息、观念、行为技能等进行公开分享，从而实现教育目标的一种教育方法。朋辈之间在年龄差距或者距离远近上相对于其他群体有优势，具有隔阂浅、防御性低、共同性大、互助性高的特点。在正式群体中，核心成员大部分是学生群体中的优秀分子，因此，有利于开展朋辈教育活动。

第一，重视培养正式群体中学生骨干人才，树立正面典型人物，强化示范作用。学生骨干作为正式群体管理中的重要人员，他们是教育管理中的直接实践者，活动的策划、组织、参与都离不开学生骨干。相比于其他正式群体管理人员，学生骨干的群体基础一般比较好，在发挥先锋模范作用方面具有优势，能够用自己的行为对其他学生起到很好的引导作用。因此，高校教育管理工作者要充分重视学生骨干的示范引导作用，并且让普通学生能够学习他们的优质行为。比如，开展表彰大会、学习经验交流会等活动。通过这些活动，让学生骨干对普通学生进行带动和影响，从而把社会对优质人才的标准作为学生自我评价的标准，进而实现学生的自我教育。

第二，为朋辈间的交流和互动提供平台。由于高校学生在年龄段上基本没有隔阂，在心理的发育上相差不会很大，因此共同语言较多，沟通和互动比较顺畅。具体措施是，在班级中设立互助小组，为朋辈间的交流互助建立桥梁，进而提高

群体成员自我认识、自我监督以及自我评价的能力。

（3）以活动创新为导向，增强正式群体的生机活力

促使高校学生正式群体的持续发展，离不开对其生命力和活力的保持，而开展各种形式多样、内容丰富的创新性活动是保持其生机与活力的重要内容。

①创新组织管理模式。重点在于让学生发挥主观能动性，对主体意识进行培养，对综合素质能力进行培养。在以往传统的活动中，活动的组织离不开教师的指导，教师在组织管理中发挥着重要作用，是一种"自上而下"的推动模式。创新就在于让学生成为活动组织的主人翁，让学生根据专业特征、兴趣爱好等，对活动的内容和形式进行自主选择和创新，对学生的创造力和潜力进行充分挖掘，变成"自下而上"的共同推进。

②创新活动内容。正式群体的主要活动包括开展活动，对活动内容进行创新，有利于提高活动的质量，促进活动目标更好、更高效地完成。对活动内容进行创新，离不开对新形势下新情况的把握，要紧扣时代的主题，同时也要汲取经典中的精华。

③创新活动形式。在开展活动时，高校教育管理者要坚持理论联系实际的原则，对以往内容枯燥、形式单一，且具有强制性的活动进行创新，让学生能够真正投入活动中去，在活动中学习新知识和新技能。想要达到这一目标，需要通过学习、调研的方式，对新型活动组织形式进行探索和研究，进而增强活动的新颖性和生机。除此之外，组织的活动还要能够让学生有所收获，让正式群体能够得到发展。

（三）高校学生流动群体组织管理

高校学生流动群体的主体是学生社团，这类高校学生群体组织产生的目的是满足大学生日益丰富的文化需求。加强对流动组织的引导和管理，能够在校园文化的建设推动、学生综合素质的提高、学生适应社会能力的提升，以及促进学生的全面发展、就业成才方面发挥着重要作用。

1. 高校学生流动群体的内涵及特点

（1）高校学生流动群体的内涵及类型

高校学生流动组织并不是一种正式群体，而是由于组成人员有着共同的兴趣

爱好，遵循自愿的原则，可以开展文化、科技、体育、文艺等方面的群体团队。从时间上来看，高校学生流动群体在校内盛行发展的时间是 20 世纪 80 年代初，它能够在一定程度上满足高校学生在学习、交往、生活等方面的需求。因此，从好的方面来说，高校学生流动群体是能够推动校园文化建设进程，促进学生全面发展。从类型上来说，高校学生流动组织的主要表现形式是学生社团，其他表现形式有临时组建的项目型群体和老乡会等自由组织群体。

为了促进素质教育的贯彻落实和深入发展，在高校教育中就要重视高校学生社团活动对学生综合素质的提高、学生适应社会能力的提升、促进学生成才就业方面发挥的重要作用。在新形势下，高校学生社团组织在凝聚学生、开展思想政治教育方面发挥的作用是不可替代的，能够补充以年级、班级为主的学生思想政治教育。高校学生社团根据活动开展形式和成员组成的目的，可以分为以下几类：

①理论学习型社团。理论学习型社团的建立基础是成员拥有相同或相似的理想信念和志向，主要内容是时事政治活动和政治理论学习。在这类社团中，大多数成员不管是在学习还是思想品德上，都比一般人优秀，在政治观点和态度，思想道德素质的水平上一般相差不大。这类社团是大学生世界观、人生观、价值观教育的重要载体。

②学术科研型社团。在学术科研型社团中又可以细分出两个方向：根据专业知识进行学术研讨、学术交流的学生团体，开展活动的形式一般是讲座、研讨会、组织比赛等，具体来说有英语演讲大赛、普通话大赛等；以科技活动为纽带的学生团体，比如，电脑协会、计算机爱好者协会等。

③兴趣爱好型社团。兴趣爱好型社团中的成员一般有着相同的兴趣爱好，其建立目的是满足学生全面发展的心理需要、丰富学生的课余文化生活，此类社团包含的范围很广，在活动形式的设置上并没有太多的限制，并且具有趣味性。活动内容涉及多个方面，比如，文学、语言、影视等。具体表现形式有书法协会、动漫协会、摄影协会等。这类社团在形式和内容上更新不断。"流行社团"也不断涌现，如美容协会等。

④社会公益型社团。社会公益型社团开展活动时，运用的是自己已经掌握的知识和技能，其活动是为了服务社会、承担社会责任、锻炼自我，主要活动形式

通常是操作性较强的实践活动。比如，环境保护协会除了倡导他人保护环境，更多的是社团成员用自己的实际行动为环境的保护献一份力。通常这类社团成员能够自觉奉献社会，为社会弱势群体提供服务，在服务中培养爱国主义精神，体现人文关怀等。

项目型群体是一个具有临时性和短期性的团队群体，目的是解决问题或完成任务，一旦问题解决或任务完成，那么这个团队群体就会解散。这也说明，项目型群体与具体的项目目标有直接联系。在如今的校园里，主要存在的项目型群体有学生工作室、科研团队、创业团队等。

流动群体的组成部分还包括老乡会等自由组织。老乡会作为高校学生流动组织表现的一种特殊形式，是根据地理位置、语言和习俗来划分建立的一种非正式组织。成员的联系具有感情的寄托，主要是乡情。在某种程度上，老乡会满足了特定学生群体的交往需求，对学生因远离家乡而产生的陌生感和孤独感有所缓解。

（2）高校学生流动群体的特点

高校学生流动群体是广大学生按照某一共同喜好而自愿组成的群众性团体。在其建设和发展过程中存在着组建及运转的自主性、类型及内容的多样性、成员参与的广泛性等特点。

①组建及运转的自主性。随着市场经济发展的需要，现代高等教育在培养人才时重视的是学生的全面发展和个性发展。在现代高等教育理念和教育模式下发展起来的高校学生流动组织，具有充分尊重市场和体现学生主人公地位的意识。不管是组建还是运营，学生在组织中都具有较强的自主性，群体组织的负责人自觉承担发起和组建的责任，对于组织的发展方向、组织架构、活动策划等都有自己的思考，并负责相应的工作，参与人则按照自己的意愿加入组织和参加活动。至于学校和指导教师，则是负责宏观上的指导和调控。

以实例来具体说明，在学生社团中，成员基本上有着相对一致的兴趣爱好，他们根据自己的意愿加入社团。组织的各项活动建立在完成组织目标的基础上，但活动的详细策划、具体流程都是由社团成员来决定并实施，具有高度的自主性。学生社团这类组织对于培养和激发学生的自我教育、自我管理、自我服务的意识和热情具有促进作用，并且尊重了学生的主人翁地位。

②类型及内容的多样性。学生获取知识和信息的渠道随着网络信息技术的快速发展而得到拓展，学生接触到的信息过多，以至于在精神文化的需求上有了更高的要求，以往简单的"食堂——教室——宿舍"的大学生活模式已经不能满足现代大学生的活动需要。高校学生流动群体的产生和发展的动力包括学生的需要，以至于在活动类型中表现出多种多样的特点，在活动内容中也是丰富多彩。比如，社团除了具有传统的体育、文艺、科技和社会公益等类型外，在近几年还出现了如网络虚拟社团、跨校社团等新型社团。社团活动内容涉及政治理论学习、科学技术探索、文化娱乐体验、志愿服务开展、社会实践考察、创业技能提升等更多方面。社团的组织形式和活动方式也各具特色，除了符合学生的需求外，还做到了新颖独特，将流动群体的特点充分体现了出来。需要明确的是，活动之所以在内容和形式上不同，是为了满足学生的多方面需要。

③成员参与的广泛性。多样的活动能够丰富现代大学生的课余生活，为展示个人才能提供了平台。参与流动群体组织的学生在年级、专业、性格和民族上没有完全一样的，因此，参与的成员具有广泛性。如今在各大高校中，学生社团不仅在校内具有很大的影响作用，有些社团的影响范围甚至辐射到了校外。

2.高校学生流动群体的管理与引导

进一步科学整合资源，加强和改进大学生流动群体的管理，科学有效地引导大学生流动群体的良性发展，不仅是适应高等教育改革发展和大力推进素质教育的迫切需要，也是高校人才培养和校园文化建设所面临的重要课题。

（1）科学管理、重点扶持，促进流动群体的可持续发展

实现高校学生流动群体的良性健康发展需要运用科学的管理理论和方法，并坚持管理与扶持相结合。对流动群体实施科学管理，可以从以下几方面入手：

①严把组织入口关。以学生社团为例，学校社团种类多样、数量繁多，为了便于对学生社团的统一管理，可以成立学生社团联合会。要充分发挥学生社团联合会的组织管理和服务功能，严格把控学生社团的成立流程。学生在申请成立社团之前，要对社团的宗旨、章程、负责人、目标等有一个详细的规划，并形成文字，以书面形式上报给社团联合会。社团联合会则要对各项资质进行严格审核，认真履行审批手续。

②加强对负责人的管理。负责人作为组织的领导核心，组织活动的方向是否正确、质量是否过关、目标能否达成以及具体流程能否实施都与负责人有关系。因此，要重视对负责人的选拔，并且在上任后还要对其进行定期考核和培训，促使其不管是在政治素养、思想道德还是工作能力上，都有进一步的提升。

③加强对活动的管理。为了保证组织活动的质量，流动组织可以采用项目管理形式开展活动。这种活动形式对学生参与活动的积极性以及开展活动的效率方面都会起到促进作用。对于流动组织带来的积极作用，高校应该重视，并且要采取相关措施促进其建设和发展。具体可以从以下两个方面来进行：一是重视指导，流动组织虽然由学生主导，但指导教师也对其正确发展具有不可替代的作用，因此，高校要鼓励思想觉悟高、业务能力强的教师担任流动组织的指导教师；二是改善条件，主要是学生社团的办公条件和活动条件，对于设备的更新和物资的添补，高校要给予支持，要拿出具体措施来解决实际问题，为活动的顺利、有效开展提供有利条件。

（2）提升格调，打造品牌，形成高品位的组织文化

组织文化一般是指将一个组织内成员凝结在一起的行为方式、价值观念和道德规范的总和，管理只有与文化配合才是成功的。大学生教育管理工作是否达到一个较高的水平，学生流动群体的高品位组织文化是一个重要指标。积极健康、高雅向上的组织文化有利于学生接受优秀文化的感染和熏陶，在参与组织活动时目标更明确。

引导学生流动群体形成高品质的组织文化可以从以下两个方面入手：

第一，结合学校传统，凝练形成特色组织文化。各大高校不管是办学条件与建立背景，还是办学理念与育人目标，都有着差别，这些差别构成了不同的校园文化。大学生流动群体组织的文化建设要以校园文化为基础，结合学校办学理念和育人目标，打造特色品牌活动，进而营造健康向上、积极进取的文化氛围。比如，在师范类学校开展教师技能大赛，在丰富学生课余生活的同时提高学生的教师技能。树立品牌意识，打造品牌群体组织。高校学生流动群体要通过提升成员素质、开展精品活动，以及加强舆论等多方面来实现自己特色品牌的建立。

第二，为了促进学生流动群体的发展，可以引进竞争机制、奖励机制和测评

机制。以学生社团为具体例子讲解，学生社团联合会要制定详细可行的考核标准，定期对学生社团进行测评，对于测评分数高的学生社团予以奖励，对于没有能力开展活动或不具备运行条件的社团进行除名，促进同类型社团的良性竞争。通过实行上述三种机制，促进学生社团的进一步发展，落实学生社团存在的意义，提高社团的品质。

（3）立足校园、面向社会，将流动群体打造成素质教育新平台

高校学生流动群体作为校园文化建设中不可缺少的一部分，高校教育管理要重视其作用，发挥其优势，在促进校园建设的基础上，面向社会，打造高素质的新教育平台。具体来说有以下几点：

第一，引导高校学生流动群体的活动内容与学生所学专业知识相结合，开展与专业相关的社团学术活动，促使学生在参加活动的过程中巩固专业知识，并能够学以致用。

第二，指导流动群体开展与日常学习、生活相关的活动，让学生在社会实践活动中将理论知识运用于实践，在理论的指导下发现自身的不足和问题，进而改正并对理论的内涵加以扩充。

第三，鼓励社团之间进行交流合作。每个社团的着重点和关注点不一样，也许在这个社团难以解决的问题在另一个社团就能迎刃而解，因此，可以推进社团联合活动，进行优势互补，实现资源共享，扩大高校学生社团的影响力。除此之外，社团合作并不限于校内社团，可以利用社会社团广阔的平台和丰富的资源，对学生社团的不足进行改善，达成从学校走向社会的目的。

第四，鼓励社团与世界范围内的高校社团进行合作和交流。经济的全球化和互联网的全球化应用为国际交流提供了机会，国内社团可以通过与国外社团进行信息交换和经验交流，展示我国高校学生社团的风采。

三、高校学生安全和资助管理

（一）高校学生安全管理

无论是哪个年龄段，"安全"都是值得重视的问题，高校学生也不例外。高

校学生相对于中小学生拥有更强的自主性，因此，在管理上难度更高。除此之外，高校学生作为社会群体中重要的一部分，高校的安全关系到社会的和谐稳定。高校管理者要重视安全教育，注重培养学生的安全意识，之后才能讨论生活和学习。做好高校学生的安全管理工作，不仅是高等教育改革的需要，也是高等教育持续健康发展的要求。为了高校教育事业的发展以及帮助高校学生更好地成长和学习，完善高校学生安全管理工作势在必行。

高校学生提高安全管理工作的措施有以下几点：

1. 广泛开展安全教育，全面树立安全意识

在高校的学习和教育中，始终要重视安全问题，不管是关于安全教育的讲座还是安全知识的讲授，都要经常安排。加强安全教育的意义在于让学生能够辨别哪些事情属于安全隐患，并且能够在日常生活和学习中注意避免。比如，扫二维码送礼品的问题，在安全教育中要让学生了解随意扫码的危害，能够在以后的日常生活中不因为一点儿礼品就轻易暴露自己的信息。学校要针对学生容易碰到的安全问题进行定期讲解，让学生不会轻易被骗。

2. 开展消防讲座

火灾，有用电原因引起的，也有其他原因引发的。学校可以聘请相关的教师进行讲授，也可以请有经验的消防救援人员进行讲解，请他们讲一些有关消防的实例。条件允许的话，可以在专业人员的引导下，进行消防演练，培养学生在面对危险时临危不惧的素质，并且可以掌握有序安全撤离的方法。

3. 创新高校学生管理理念，树立"以生为本"的教育思想

在当今的发展背景下，对于高校学生的管理理念也应该跟上时代的步伐，树立"以生为本"的教育思想。在对高校学生进行安全管理的时候，要对学生的安全负责，同时也要从学生的根本利益出发。例如，宿舍安全用电的一些条例，在保证学生正常用电需要之后，禁止一些大功率电器的使用，以保证宿舍楼的用电安全。与此同时，对高校学生的安全管理工作也要根据本校学生的实际情况和学校的实际情况，具体而人性化地制定相应的安全管理办法，贯彻"以生为本"的教育思想。

4. 加强网络使用管理，引导学生健康上网

网络已经融入我们生活的各个方面，它丰富了我们的生活，同时也便利了我

们的生活。身为高校的安全管理工作者，应加强网络的使用管理及网络教育课程的学习，引导学生健康上网。[①]

（二）高校学生资助管理

学生资助是指政府、学校以及社会团体和私人，将国家法律法规以及相关政策作为根本依据和指导，并由特定机构或者人员实施，其最终目的是帮助学生顺利完成学业的各种援助型社会活动的总称。

需要明确的是，学生资助管理不仅是一个教育问题，从大的方面来看，还与社会的和谐稳定有关。因此，做好高校学生资助管理工作不仅是高校实现教学目标的需要，还是社会发展进步的需要。

第二节 高校学生管理工作加强和改进的对策

一、明确管理目标，树立科学的管理理念

（一）明确管理目标

目前，"家质教育"在教育界当中是较为时髦的话语，它的实质是最终的结果，不是具体的过程。从理论层面来看，需要努力培养更多社会主义建设的优秀人才。优秀人才的主要标准是对社会发展有用的人才，并且可以为社会作出巨大贡献的优秀人员。

（二）树立科学的管理理念

新世纪高质量和高素质的优秀人才，一方面不仅是有着高度责任感，还对我国的国情非常熟悉，并且努力解决我国经济建设以及社会发展过程当中存在的各种实际问题的优秀人才，另一方面是可以在国际舞台和信息化时代活跃，以及在市场经济条件下非常激烈的竞争环境中活跃的优秀人才。努力为社会管理、培养这些优秀人才，正是高校的主要任务，所以，高校必须树立科学、合理、正确的管理理念。

---

① 肖景峰，高校学生资助管理体系优化研究［D］. 大连：辽宁师范大学，2019.

1. 营造良好环境的重要性

第一，积极营造良好的制度氛围。"好的制度能培养出好人，坏的制度能培养出坏人。"[①] 本书对这句话的理解是要通过各种方式努力营造良好的制度氛围。当前，我国正在为了这一方面努力，已经初步取得了成果。同时，实践也已经很好地证明是切实可行的，如高校努力营造良好的道德环境、和谐的人际关系等，对学生全面健康发展是十分有利的。

第二，学校管理领导与教职员工的良好示范效应。学生的社会角色定位和心理，在校园时期具有一定的模仿性，对教师的信赖程度也较高，学生将教师作为知识的化身和学习的榜样。教师重要的示范效应实际上是因为学生自身在心理角色的最终定位形成的，所以对学生的要求实际上也就是对教师的具体要求。同时，学生自身也是示范效应之一。

第三，通过对"破窗原理"的灵活运用，及时发现不良或者不好的现象，并且将其快速地全面消除，不可以让这些不好或者不良现象蔓延。"破窗原理"主要指的是一扇窗户的玻璃被打碎以后，假如没有对其进行及时、有效的修补，则很快第二块玻璃、第四块玻璃也会被打碎。因此，高校应该及时、快速地将任何不良或者不好的现象纠正，一定不可以让这些不好或者不良现象在学校蔓延。

2. 管理应该以学生为中心

现如今，伴随着我国高等教育改革的不断深化，学生管理者在管理的过程中应该充分重视和强调对管理理念的转变，只有真正更新管理观念，才可以进一步实现对学生管理的全面创新，最终做到严格按照合格人才的标准要求以及更加精心的管理手段，同时按照学生的特点，将学生良好的个性充分地发挥出来，不仅坚持了重要的宏观指导，又可以在一定程度上深入学生，进行个别的正确指引和引导。

教育一方面既坚持用培养的具体标准和统一的制度去严格要求学生，又坚持按照各个不相同的层次去全面评价与教育管理学生；另一方面坚持做到严和宽有效结合的同时，又做到良好的动态管理，让管理的科学性与实效性得到一个较大幅度的提升，促进和推动管理水平更上一层，从而真正实现高校培养"四有"优秀人才的最终目标。

---

① 邓小平. 邓小平文选（第 2 卷）[M]. 北京：人民出版社，1994.

树立"以人为本"管理思想的重要前提是积极做好高校的学生管理工作。现代管理科学经常运用的一个主要理论是人本理论，并且在现代企业管理当中，人本理论起着非常重要的作用。高校积极树立学生管理工作的人本价值观，同时以人为本，并且对人的多样性、主体性以及能动性给予充分的尊重，从某种程度而言，这也是高校学生管理工作由传统逐渐走向现代的一条创新之路，不可忽视。

3. 以引导代替限制

在面对暂时无法有效解决问题的时候，教师不可以急着下结论，尤其是不可以随意抹杀学生的创意，应该正确、积极指引和引导思想比较活跃的学生，需要注意的是不可以单方面地认为某一个学生思想活跃。师生之间应该建立良好的沟通，进行良好的互动和平等的交流。

二、完善学生管理体制

学生管理实际上是全方位管理高校学生，内容相对来说比较广泛，和高校的多个部门存在紧密的联系，因此，需要部门和部门之间协调一致，将部门和部门之间存在的关系理顺之后，形成最终的合力，以便于充分应对高校学生管理过程当中面临或者遇到的各种新问题。在高校学生管理的具体工作当中，一方面应该不断加强学生在工作机构方面的有效建设，使工作机构组织协调的功能得到进一步的强化，将学生管理系统中各个岗位、部门，以及层次的权限、职责管理，通过各种方式建立健全相关责任制，从而真正做到责任到岗到人，权、责、利最终相统一。另一方面，高校在管理工作当中应该适当地放权，将基层的重要作用充分地发挥出来。当前，我国高校的管理体制是以职责分明的校、系两级为主，以及条块充分结合的学生工作网络与运行机制为显著和明显特征的，校、系两级组织不仅担负着行政管理任务，还肩负着对学生进行一系列思想教育的重要任务。所以，高校应该在赋予各部门学生管理工作职责的同时，让其拥有全面组织和开展学生管理工作过程当中需要的实际权利，真正做到权责统一。同时，将管理权限适当地下放，对及时发现问题和教育处理是非常有利的，能够使高校管理工作的实效性得到较大幅度的全面提升。

我国是社会主义国家，我国的高校也承担着社会主义建设继往开来的重要历史任务，让全新的一代在全面承担现代科学技术发展职责的同时，也做好社会主义的接班人，这不仅是我国高等教育始终坚持社会主义政治方向最根本的保证，同时也是其最大的特色。目前，我国高校学生管理实行的管理体制是条块结合、两级运行、党政合一纵横联合。高校只有将分散管理、间接管理、"小而全"的体制，转变成集中管理、直接管理、"精而专"的体制，才可以为全面贯彻实施思想教育计划，提供更加可靠、有效的重要组织保证。因此，高校可以专门成立学生教育管理部。

目前，"专兼管理"是我国高校学生管理工作体制的主要模式。"专兼管理"主要指的是将学生工作处（部）作为专门的机构，专门协调高校内各个部门开展工作，如宣传部、教务处等。学生工作想要真正实现"专而精"，需要把全部的学生事务，划归学生教育管理部，其中，团委办公室、心理咨询中心等都属该范围。此种管理体制结构整合与分化了现有的学生管理机构，从各个基层单位当中把学生工作分离出来，最终形成功能较为专一的全新机构，以及建立直属学生工作党委副书记，或者副校长领导的多个办公室与中心。

学校党委和校长直接领导学生教育管理部，在管理上面实现直线职能制，便于使最终形成的学生管理队伍，不仅做到专业化与高标准的管理，还可以做到分工明确，以及清楚相关的职责范围，同时也便于学生管理工作迈向新的台阶。例如，高校在学生管理工作的过程当中将间接管理转变成直接管理，一方面对高校直接深入学生工作是非常有利的，同时也有利于建立更加专业化的队伍，另一方面也取消了系一级对学生管理的相关中间环节，使工作效率得到全面提升的同时，也形成了非常畅通的重要信息渠道，最终让学生管理的实际工作真正地实现高效率和高水准。

集中管理从某种程度来说就是从各个基层单位当中将学生管理工作全部分离出来，最终逐渐形成非常专一的学生工作体系。首先，专一的学生工作体系对学生教育管理工作向着专业化和科学化发展是非常有利的。由于高校成立了学生教育管理部，政出一门的同时，步调也保持一致，减少了很多不必要的中间环节，尽可能地避免了部门之间相互推诿情况的发生。另外，也使得高校的管理工作变得更加有效和快捷。因为工作性质的专一性和稳定性，以及工作目标的一致性，这为学生管理的专业化奠定了扎实的基础，同时也由于各系在该体制下不再对学生进行管理，各系的领导能够将更多的时间和精力放在教学改革上面，从而使得教师的科研水平与教学质量得到大幅度的有效提升。其次，进一步完善了学生服务体系。高校的学生教育管理工作在时代快速发展的影响下，已经发生了巨大的变化，包含的内容也较为复杂，高校成立的学生教育管理部实现了全面的有效管理，从而为学生健康成长、顺利完成学业提供了可靠的服务保障。

三、健全学生管理制度

学校最大的群体是学生，因此，学生管理工作的最终成效和高校整体的发展与稳定存在不可分割的紧密关系。高校改革的快速发展让学校逐渐变成没有"围墙"的校园，由于高校学生在知识和智商方面均比较广与高，同时观念更新周期短，法律意识持续增强，让学生个体与个体之间、学校和个体之间的权利与利益关系和之前相比更加复杂多变，因此学生管理工作应该对相关的规章制度与法律法规进行充分的利用，以便于有效调节和规范各个主体和主体之间的关系。

我国高等教育的任务除了依法治校之外，还应该依法对高校学生进行一系列的管理与教育，同时这也是我国高校学生管理工作的重要指导思想，所以，高校建立完整、科学以及规范的学生工作规章制度，对学生管理工作而言是非常必要的。高校在加强和改进学生管理工作的时候既要严格按照国家相关的法律规定，也应该充分依据高校自身实际的发展情况，努力制定可操作性强和完整的步骤、程序以及相应的规章制度，并且通过这些步骤、程序和规章制度对学生的诸多行为进行一定的规范。

第一，高校对学生管理工作加强和改进的时候，应该严格依据相关法律法规，制定全方位的规章制度，修订与整改现有的条例与规章，继承以前行之有效的方法以及改革成果。另外，不仅要对整体社会法治的进步进行全面的考虑，也应该综合考虑依法治校的重要原则对学生管理的具体要求，在重新制定规章制度和对原有的规章制度进行相应的修订和完善的时候，均应该注重与强调和国家的法律法规、方针政策保持一致，既要做到规范管理，又要保护学生应该享有的一切合法权益，将法律的重要作用真正地展现出来。

第二，高校在加强和改进学生管理工作的过程当中应该建立健全学生的救济机制，同时通过各种方式努力保护学生的合法权益。另外，高校在学生管理工作的时候也应该严格按照相关法律的规定，最大限度地禁止侵犯学生权利行为的发生。因此，高校应该通过建立学生申诉制度的方式，积极维护学生的合法权利。

四、改进学生管理方式

（一）学生管理工作进网络

第一，高校应该通过各种方式不断加强学生在心理素质与网络道德方面的教育，同时也应该进一步增强高校学生在自控方面的重要能力。高校在改进学生管理工作的过程当中应该定期举办网络心理讲座，从思想的层面对学生开展一系列的正反两方面教育，正确树立学生在责任方面的意识，使学生充分认识和了解在实际上网的时候哪些内容、行为是不健康、不道德以及违法的，以便于全面增强学生的鉴别能力。

第二，高校在改进学生管理方式的时候应该在进一步加强对学生网络管理的同时，也应该明确严格入网的具体要求。高校不仅应该通过各种方式努力提高校园网主页的质量，还应该不断加强和校外网页的密切联系，促使和帮助学生走上更加健康的道路。

（二）学生管理工作进社团

校园文化作为一种非常特殊的群体文化，学生是其重要主体，校园文化将学生的一系列课外活动作为关键手段，同时将校园精神作为主要特征。健康、积极向上、稳定、和谐的良好校园文化气氛，能够让高校学生在参与开启智慧、陶冶情操以及规范行为的过程当中，不仅产生一种独特的安全感，还产生一定的归属感，这对于高校学生形成更加客观的认识、完善、发展和判断方面的能力是非常有利的。高校社团在素质教育的良好气氛当中数量逐渐增多，并且最终形成了"创立社团热"的浪潮，所以，高校在校园文化建设的过程当中，社团文化建设已经成为一个非常重要的核心内容。因此，在早期的艺术团、文学社等，以及近期的科技开发中心、公关协会等，众多优秀青年学生在各种不同层次实际需要的强烈驱动下,对能力进行全面的锻炼,将高校学生自身才华充分展示出来,不断加强联系,以及获得相互交流和沟通的一个好场所,与此同时也有很多社团是全方位提升教育效果,对教育行为进行一系列调适,以及教育者充分了解学生的好渠道。也正是因为如此,我国的高校学生管理工作者应对社团进行充分的利用,积极、主动地开展一系列的思想指导,以及科学的管理工作。

第一,高校学生管理者应该通过各种方法努力提高校园社团文化的活动层次。高校学生管理工作者不断加强校园社团文化建设,从实际意义上来说就是要通过各种不相同的方式努力提升社团文化建设的层次,让社团文化建设接近或者稍微超过高校学生的欣赏水平,以及在理解方面的相关能力,从而最终和高校学生全面发展的实际需求更加吻合。

第二,高校学生管理工作的过程当中应该不断加强对学生社团的有效管理和规范。学生社团不仅是高校学生的自我管理,同时也是自我教育的一种重要形式。高校应该努力加强对社团组织的一系列有效管理,在组织和开展各种活动的过程当中,社团应该遵循以下三个重要原则:首先,高校学生社团面向校内的所有刊物,需要经过高校的批准,并且全面接受高校的有效管理;其次,学生社团不仅要服从学校的所有管理,还应该服从高校的一系列领导,同时学生社团应该在相应的法律法规以及校纪校规的范围之内进行活动,不可以进行违背社团宗旨的相关活动;最后,学生社团想要将一些校外人员邀请到校内,并且进行相关的学术活动以及社会政治活动,需要经过高校的同意。

第三,应该始终坚持校园社团文化活动的实效性,以及活动的长期性。

五、化被动管理为自我管理

高校学生管理的工作应该注重教师和学生之间关系的变化,将学生的主体地位和能动性充分地彰显出来,同时将学生接受和参与管理的主动性、积极性有效地激发和调动出来。高校学生管理工作者应该在具体管理的过程当中把学生作为管理的重要主体,充分认识在管理的时候学生处于主动和主体的重要地位,积极、主动地邀请更多的学生参与及配合管理,并且为学生提供服务,开展一系列的管理工作。

第一，高校应该全面推行自我管理的学生管理模式，通过校、院（系）、班主任和辅导员四方面之间的有效配合，建立以学生自治中心的相关管理模式，除了让学生具有被管理者的身份之外，还应具有管理者的重要角色，在具体的管理工作当中使学生可以自由地切换角色和身份，让学生在自我管理方面的自主性和积极性得到较大幅度的提升，同时进一步培养学生在自我管制和约束方面的相关能力。

第二，高校在学生管理工作的过程当中应该从管理体系层面出发，将班级作为学生的单元组合，以一种非常巧妙的方式将其有机地纳入学生的管理体制当中，同时以院（系）和班为主，积极开展和组织与学生有关的管理工作，主要负责在日常的管理当中对学生进行有效的动态监督，将部门和部门之间的关系充分协调好，让校、班主任等共同承担起学生行政管理，以及一系列思想教育的重要职责，从而最终将高校学生管理工作从上到下地全面落到实处。

第四章 高校行政管理理念与方法

本书第四章为高校行政管理理念与方法，依次介绍了高校行政管理队伍建设研究、我国高校行政管理的制度分析、我国高校行政改革的主要思路、对策和建议三个方面的内容。

第一节 高校行政管理队伍建设研究

一、高校行政队伍建设取得的进展

第一，我国众多高校适应性地在人才管理和招聘制度方面进行了相应的改革，使得高校行政队伍发展得更加科学和灵活。

第二，随着时代的发展和进步，高校行政管理取得了不错的效果，同时也因为高校行政人员专业化的实际要求，对其基本知识能力也提出了更高的要求。一方面，行政人员要及时有效地学习全新的知识，紧随时代发展的步伐，并且和自身已有的丰富经验充分联系在一起，对日常事务进行更加灵活的处理；另一方面，鼓励行政人员积极参加各类和行政相关的资格认证考核，使与行政有关的知识素养得到较大幅度的全面提升。

二、加强高校行政队伍建设的途径和方法

（一）纵观全局，完善学校行政部门

高校在加强行政队伍建设的时候能够设立多个分部，即人事处、教务处、财务处、校长办公室等，其中人事处主要负责对人力资源进行合理的有效配置，并且对人事工作进行合理、科学的规划，教务处和师生之间有着不可分割的紧密联

系，主要负责教学的正常、顺利运行，财务处主要负责学校的财务状况，校长办公室涵盖了各类管理人才，主要负责统筹学校的发展，纵观全局的实际状况，对校内和校外的发展进行有效的协调，同时积极促进和推动各个机构，将效能充分发挥出来。

（二）重精简，加快行政队伍职业化转型

1.设置合理岗位

在设置高校行政机构的时候要有非常明确的重要指向，也就是要不断提升实际工作水平、努力提高工作效率，以及进一步有效提升学生运转效能作为重要的指向，其最终目的是将行政队伍打造成为一支精干、高效、优化的和谐队伍。高校在确定人员岗位数的重要基础和前提下，对机构重新进行及时的调整与设置，最大限度地减少和避免机构过于精细化和分散，通过定岗、定编的方式，选拔与聘任具有务实工作作风，工作态度严谨，以及无论是技能条件，还是能力和专业，都十分符合岗位要求的优秀人才。

2.设置岗位晋升制度

第一，高校应该对领导职务岗位进行科学合理的设置，将更多优秀的人才提拔到相应的领导岗位上来；第二，对职员岗位职级进行科学、合理的设置，不仅使每一位工作人员找到适合自己的位置，同时也让职员更加具有归属感；第三，高校在加强行政队伍建设的过程当中也应该考虑设置"双肩挑"的岗位。

（三）双管齐下，专业素养与职业道德培育相结合

1.提升行政人员的基础知识能力

对有丰富工作经验和在岗多年的优秀行政人员进行一系列的培训，通过考核和讲授相关知识的方式，让这些行政人员自身的知识体系得到进一步的完善，同时和现在已有的丰富经验进行有效结合，深入学习体验。行政人员在顺利完成之后，对行政人员高效、快速开展行政工作有着非常重要的改革意义和作用。需要注意的是，高校应该对重新招聘的行政人员提出一定的要求，行政人员必须有相关的资格证书，只有这样才可以使高校行政团队人员的专业性得到充分保障。

2. 创建学习型高校管理团队

高校的行政管理伴随着时代的发展和科学技术的进步，其发展也在不断地发生相应的改变，因此，高校的行政管理人员应该紧随时代潮流的步伐，积极建立学习型团队，每周定期开展学习工作汇报的相关讨论，监督和促进团队中的所有人，努力学习新知识，不断更新知识，让思维变得更加灵活，通过各种方式努力拓宽认知范围，从而更加高效率、高水准地做好自身的本职工作。

行政管理人员在具备专业素养的重要前提下，应该严格要求相关行政工作的规范性和制度化，把服务和管理融为一体，通过更加有效的制度建设，让学校的管理可以合理、有序地持续发展。与此同时，将团队中所有的人凝聚在一起，进一步加速高校健康、良好发展的关键步伐。

（四）着眼长远，制订长期职业发展规划

高校非常有必要建立长期运转的行政人员职业规划机制，并且认识其存在的必要性和重要性，只有这样才可以将更多优秀的人才留住，使最终形成的行政团队更加坚不可摧。

（五）制度创新，营造管理队伍专业化发展的新生态

1. 人才招聘制度创新

改革和完善现有的招聘制度，除了需要对应聘者的重要基础知识能力进行一系列的考核以外，还应该进一步加大对招聘者在社会能力方面的考核，从而最终评价这些应聘者是否可以胜任行政工作。

2. 人才考核制度创新

高校在把众多优秀的行政人才纳入行政团队以后，应该着手积极建立以行政岗位职责作为重要基础，以行政人员的品德能力作为关键导向的相关考核机制，拒绝将工作绩效作为考核的手段，应该对行政人员进行全面的综合分析，并且把行政人员最终的综合考核结果作为续聘或者晋升的重要依据。

3. 薪金管理制度创新

大多数情况下，高校薪金管理制度和现行的工资体系模式保持一致，并不需要对其进行过多的改变，只需要在内部进行小部分的调整和完善即可。

4. 人才管理制度改革

高校人才管理制度改革的重点，和行政团队是否能够将新进人员真心纳入有着不可分割的紧密联系，和是否能够对所有行政员工的积极性、主动性充分调动和激发出来有着紧密的关系，同时与是否能够将整个行政团队管理好有着密切的关系。

第二节　我国高校行政管理的制度分析

一、集中且直接的管理

我国高校行政管理在中央和地方之间的关系上，主要是以中央集中，并且直接管理为主。无论是高等教育事业主要事务的最终决定权，还是主要事务的决策权都在中央。因此，学校设置、招生等多个方面均由学校和政府两者之间产生一定的关系，地方政府严格按照中央的决定开展和组织相应的工作。

二、以行政管理为主

我国高等教育管理的手段包括多个方面，如立法、规划等。我国在几十年的时间内，主要通过行政手段对高等教育进行一系列的有效管理。

三、我国成立初期采取校（院）长负责制

我国从 1978 年实行改革开放政策以来，无论是政治、经济还是文化，和各个国家之间的联系日益紧密，这些都在一定程度上促使我国经济社会快速发展，并且取得了较大的进步。我国的高等教育也在改革开放政策的影响下，从恢复和重建起步，逐渐走上了一条深化改革，快速、稳定发展，以及全面建设中国特色社会主义高等教育体系的全新道路。将高等教育管理体制的深化改革作为我国这一阶段高等教育体制改革的重点与核心，主要经历了以下三个关键阶段：

第一阶段是 1978 年 12 月中国共产党第十一届中央委员会第三次全体会议，

一直到《中共中央关于教育体制改革的决定》发表之前，这是我国高等教育体制改革的酝酿和启动的初始阶段，扩大高校的办学自主权是这一阶段的改革重点。我国高等教育在 1978 年召开的十一届三中全会的推动和促进下，进入了"加速发展，拓展办学形式"[①]的全新发展阶段。

1983 年，教育部在北京召开了第二次全国高等教育会议，对今后一段时间内高等教育的重要工作方针进行了积极的讨论，最终确定了继续全面贯彻调整、整顿、提高以及改革的重要方针，不断加大调整改革的力度，在持续进行一系列有效整顿的同时，进一步加快发展的步伐，通过各种方式努力让教育质量得到快速的提升。教育部与部分地方政府实施了扩大高校自主权的初步措施，从实际意义上说，调整了政府和高校两者之间的关系。我国的教育体制改革在我国实施改革开放政策的背景下，在全国范围内逐渐开展。1985 年 5 月颁布的《中共中央关于教育体制改革的决定》，也标志和代表着我国社会主义教育事业正式进入了全面深化改革的全新历史时期。

第二阶段主要是从中共中央 1985 年发表的《中共中央关于教育体制改革的决定》，以及中国共产党第十四次全国代表大会明确提出的全面建立社会主义市场经济体制的重要改革目标之间，这是我国高等教育体制改革在全国范围内"全面展开"的重要阶段。我国高等教育体制在这一阶段改革的主要特点是教育大体制的深化改革，在相互促进、制约以及配合当中全面向前推进和发展。

我国高等教育从 1985 年到 1991 年始终围绕着"五大体制"全方位开展一系列深入的改革研究和探索，在推动和促进我国高等教育管理体制改革的过程中的主要进展表现在以下几点：第一，我国的高等学校在全面执行和贯彻国家相关政策、法令以及计划的重要前提下，不仅有一定的权利在计划外接受代培、委托以及招收自费生，还有权利对专业的服务方向进行相应的调整和完善，制定符合学生发展的教学大纲与计划，同时无论是选用教材还是编写教材，均有权接受委托与外单位相互合作，并且进行相关的技术开发与深入的科学研究。高校因为自主权和以前相比有了一定的增大，所以促使高校对潜力进行充分的挖掘，扩大规模的同时，对专业进行适当的调整与完善，进一步适应各种实际需要，快速促进和

---

① 邓晓春. 中国高等教育体制改革的回顾与展望 [J]. 辽宁高等教育研究，1998(1)：6–12.

推动社会和高校两者之间的紧密联系。第二，地方管理高校的责任与权利得到了一定的增加和扩大，一方面可以将省级政府管理高校的积极性和主动性充分地调动和激发出来，另一方面又使得其管理高校的责任感得到增强的同时，加大了地方对高校的投入力度，使得社会发展、地方经济和高等教育三者之间的关系变得更加密切。

第三阶段主要是中国共产党于 1992 年在北京召开的第十四次全国代表大会正式确立了全面建立社会主义市场经济新体制的重要改革目标，以及国务院和中共中央共同颁发的《中国教育改革和发展纲要》作为这一阶段的重要标志，全面开辟了我国教育体制深化改革的全新时期。国务院与党中央在 1993 年联合颁布的《中国教育改革和发展纲要》明确了我国一直到 20 世纪末，教育深化改革和发展的重要任务与基本目标，同时这也是正确指引和引导我国 20 世纪 90 年代，甚至一直到 21 世纪初期我国教育深化改革与发展，积极建设中国特色社会主义教育体制的重要纲领性文件。在 1994 年全国高等教育体制改革座谈会以后，以五种形式（共建共管、合并学校、合作办学、协作办学、转化地方政府管理）为主的深化改革研究和探索取得了非常明显的成效和进展，并且经过发展最终形成了重要的八字方针，即合并、共建、调整、联合。1996 年批准的《中华人民共和国国民经济和社会发展"九五"计划和 2010 年远景目标》正式提出了"九五"教育发展的关键奋斗目标，还提出了我国教育发展的重要指导方针，并且还提出了 2010 年教育发展的远景目标，以及教育改革的重要总体思路。1998 年通过了《中华人民共和国高等教育法》，并且从 1991 年 1 月 1 日起开始在全国范围内正式实施。《高等教育法》把我国自从成立之后，尤其是 1978 年中国共产党召开的第十一届中央委员会第三次全体会议以来，高等教育工作已经被实践证明、具有非常成功的经验以法律的形式最终确定下来，成为人民和国家的重要意志，并且又为全方位面向 21 世纪的高等教育的深化改革，以及全面发展明确了最终的方向。

我国高校行政管理在这一阶段的主要改革特点是在"五大体制"改革持续深化的重要基础上，将"管理体制改革"的难点与重点充分地突显出来，促使政府和高校两者之间的关系向着和谐平衡的方向发展。我国进入 20 世纪 90 年代以后，高等教育管理体制改革在重要的八字方针指导下，取得了实质性进展。与此同时，在经过一系列的有效调整和完善之后，结构和布局和以前相比变得更加合理，无论是效益还是质量，都变得更加突出和明显，全面适应社会主义市场经济发展的高等教育体制在此时已初步形成。

当前，伴随着我国高等教育管理体制改革的持续深入，正在向着形成省级政府与中央两级分工负责和管理，将省级政府统筹为主，条和块结合的先进体制框架迈进。高等院校在国务院和党中央强有力的支持下，于1999年开始扩大办学规模，同时明确提出了在2010年适龄的青年入学率应该达到15%，以及高等教育也应该真正进入大众化阶段。随着我国高等教育事业的不断发展，实际上高等教育的发展进程要快于这一重要指标。时间截至2017年年底，我国各类高等学校的在校学生人数已经高达3699万人，中国高等教育已经完全进入了大众化阶段，同时也将高等教育管理体制深化改革的整体效果明显地突出和显现出来。高校办学的效益逐渐提高，从而促使我国高等教育管理体制向着快速、全面适应社会主义市场经济体制的方向迈进。

第三节　我国高校行政改革的主要思路、对策和建议

随着现代教育体制的不断深化，我国对高等教育事业也提出了更高的要求，高校管理体制改革是否能够顺利稳定地开展直接关系到我国高等教育能否持续健康地发展以及社会的稳定。加快推进和全面深化我国现行的高校管理体制改革是提升高校人才培养质量的重要手段。高校管理体制的改革是一项异常复杂和艰巨的系统任务，不仅需要不断深化高校本身管理体制的改革，同时还需要社会经济条件的支撑，只有不断改善外部经济环境改革条件，才能推动高校管理体制改革的进一步发展。

一、教育行政管理改革

第一，解放思想，转变观念，这是继续推进和深化我国高校管理体制改革的先决条件。

计划经济时期，高校隶属于上层建筑的范畴，在行政管理上属于传统事业单位的领域，采用事业单位的管理方式。从提供的产品和服务上来说，"事业"单位所提供的各种产品和服务，均属于社会公益性和福利性的公共产品。这些观念既是传统事业单位管理体制形成的理论基础，又是其现实的反映。改革开放以后，我国确立了发展经济和对外开放的基本国策。认识对实践具有巨大的能动作用，积极的认识可以指导人们选择正确的路线，采取正确的措施。因此，为了推动高校管理体制改革的进一步深化，就必须推动思想解放，促进人们思想观念的转变，只有明确改革目标，才能最大限度地减少改革阻力，提升改革质量。因此，我们必须大力加强高校管理体制改革方面的理论研究，特别是认真总结我国前期改革成果，积极开展学术交流，做好管理体制改革的理论宣传工作，创造良好的改革环境和条件。与此同时，我们还要树立高等教育管理社会化的思想。因此，要想实现高等教育管理体制改革的全面深入、持续发展，就必须大力宣传高等教育改革的先进理念，使"高等教育管理社会化"的思想深入人心，推进管理主体社会化，落实与高等教育管理体制相配套的改革方针，从而促进我国高等教育与社会政治、经济的改革发展相适应，以实现高等教育管理体制改革的最终目标。

第二，建立政府宏观管理、学校面向社会自主办学的管理体制。随着经济的迅猛发展和科学技术的飞速前进，社会对于高等教育事业提出了更高的要求。构建科学合理的高等教育管理新体制成为推动高等教育事业发展、培养出创新型人才的必然选择。针对高等教育事业发展的实际需求，高等教育管理新体制需要具备以下特点：首先，理顺各方关系，如政府与高等院校间的关系，中央与地方之间的关系，中央教育主管部门与中央其他业务部门之间的关系；其次，明确高校管理者、办学者之间的权利和义务，实现权责分明，中央教育部门与省级教育部门分级管理、分工负责，并且以省级教育部门为主，条块关系有机结合；最后，面向社会依法自主办学，高等学校可以在法律规定的范围内自主招生，根据高校的发展规划和社会的需要自主设置学科、调整专业，对高校内的财产拥有管理和使用的自主权。

要想处理好高校办学自主权与大学内部管理科学化的关系，实现两者的协调发展，应从以下几个方面着手：

一是观念上，高等学校不但要"扩权"，而且也要"用权"，两者必须统一。首先，政府主管部门要解放思想，结合社会发展和时代进步的实际，勇于开拓，敢于创新，转变管理高校的方式，由直接具体的管理变为必要的宏观管理，进而使高校拥有真正的办学自主权。值得注意的是，政府下放高校管理权限的过程并不是一件简单的事，不仅要考虑下放的力度，而且要讲究下放的速度。此外，在权力下放的过程中还存在一种特殊情况，即某些高校在不同的区域都有校区，高校管理的权限属于省级教育部门，对这些跨区域共建共管高校在下放管理权限时要注意切实将权力下放到高校，防止权力被转移。同时政府部门要加强对高校自主办学权的监督和约束，防止高校滥用自主权。对于管理松散，权力一放就乱的高校，要及时采取措施，进行纠正。其次，高等院校也必须转变观念，要深刻意识到办学自主权不仅是大学应有的权利，同时也是大学健康发展的原动力。高校要以积极的态度面对政府下放的自主权，并从学校自身的战略规划和自身特色出发，主动整合校内资源，从而推进管理的科学化进程，让自主权发挥出最大的功效。按照新的管理体制，高等学校自成立之日起就具有法人资格，拥有依法充分行使自主办学的权利，主要体现在以下几点：国家根据不同高等院校的学科特色制定了相应的专业目录，高等院校可以在法律规定的范围内制定招生计划和基本的录取标准、培养规格和基本学制以及学位的评定标准，对于校内招聘的教师，高校可以根据自身的实际，制定职称颁发评定标准；高等学校可以根据学校的规划和社会的需求自主调整专业设置和招生人数，高等院校具有自主组织教学活动和指导毕业生就业的权力，同时还具有机构设施和人事安排的自主权，可以根据学校的发展，增加或裁撤机构和人员，对于高校内的资产和资源，也有着自主分配和使用的权力，可以根据教学活动的需要组织对外交流等活动。当今社会的竞争归根结底是人才的竞争，高等院校作为培养人才的基地，面对激烈的竞争要及时调整管理体制。有关研究表明，只有高校内部形成自我净化、自我完善、自我革新、自我提高的运行体制，才能适应国家经济建设和社会发展的需要。

二是政府应转换高等教育的管理职能，理顺条块关系。伴随改革开放的不断深化，我国各行各业都掀起了改革的浪潮，政府部门也在创新监管方式，转变政府职能。政府对于高等院校的管理也要顺应改革的形势，不仅要向学校下放高等院校教育管理的权限，同时其管理职能也要发生根本性的改变；政府部门过去对高校的管理是具体的管理，不管是高校的办学过程还是日常事务，都需要上报给政府部门，政府部门审批后方可施行，现在政府应将管理的重点放到宏观的办学目标和发展方向上。新体制的基本框架是中央与省级政府两级管理、分工负责，并且根据不同区域经济发展情况，进一步扩大或强化省级政府管理发展高等教育的职责与权限。中央政府的职责主要包括以下方面：中央政府要根据世界经济形势和我国高等教育的实际，制定符合我国高等教育事业发展的宏观规划和保障高等教育事业持续发展的基本政策与质量标准；中央政府具有监督高等教育发展的责任，定期组织专家开展高等教育办学方向与质量效益的检查评估，为高等教育改革发展提供综合的信息服务；对于关系国家经济建设和社会发展或者地方政府不便管理的重点大学，中央政府具有直接管理的职能。省级政府的职能体现在以下方面：在中央宏观指导下，省级政府对所属区域的高等教育具有制定发展规划、开发配置资源的责任；省级政府对高等教育的发展具有组织检查评估的责任；对于区域内新设的专科及高等职业学校，省级政府具有审批的权力。

第三，完善高等教育法律体系，为高校自主权的扩大和大学内部管理科学化提供制度保障。

强有力的法律法规是实现高校办学自主权扩大和内部管理科学化的前提和基础。缺乏有力的法律体系，即使高校的管理体系再科学、再完善，也无法落到实处。为了实现高校的办学自主权，我国出台了《教育法》《高等教育法》以及相关的法律法规，在一定程度上推动了高等教育的发展。现阶段我国高等教育管理体制改革已然取得了初步成效，构建了中央与地方政府的分级管理以及条块结合的机制。随着对外开放局势的逐步扩大，我国与国际的联系日益紧密，如何培养出具有国际性视野的创新型人才成为社会关注的热点问题。教育实践证明，高等教育体制的创新是完善人才培养体系的重要途径，而政府转变职能和管理方式，加强宏观管理又是实现教育体制创新的关键，有待于进一步探索。政府与高校关系的调整必须解决好以下三个问题：第一，高校如何面向市场；第二，高校如何实现依法办学；第三，高校内部科学民主的管理机制如何落实。加强教育法制建设、依法治教是我国教育现代化的历史选择。为了推动高等教育事业的持续发展，推动高校教育管理机制改革的进一步深化，增强高校的活力，中共中央、国务院于 1999 年 6 月召开了第三次全国教育工作会议，强调要按照《中华人民共和国高等教育法》的规定落实和扩大高校办学自主权，以便使高校主动适应当地经济和社会的发展。"高等教育办学自主权"作为高校改革和发展的关键问题，不仅需要明确的法律法规等宏观外部条件，还要有高校内部改革、自我不约束的微观内在机制，二者缺一不可。只有构建明确且具体的法律体系，将整个教育系统建立在法制的基础上，各管理主体严格遵循法律的规定，在法律的框架内行使权利，履行义务，用法律来维护自身的社会地位和合法权益，真正做到"有法必依，执法必严"，才能保证高校有序运行。

教育体制的改革与创新离不开完善的法律体系。只有建立在法律的基础上，明确政府与高校的权力与责任、政府与高校的关系，依法行政，才能使中国高等教育体制走上法治化的轨道。计划经济时期，政府对于高校采用的是直接行政管理的方式，即政府教育行政管理部门将计划手段和行政审批作为管理高校的有力"武器"，直接参与高校日常事务的管理，如高校组织结构的调整、教学科研活动的开展都需要经过政府教育部门的审批。政府管理高校的理念向间接的宏观管理转变，这并不是一件简单的事，涉及各高校管理主体权、责、利关系的调整，需要政府部门革新管理手段和管理方式，综合运用法律的、经济的、信息的方式实行宏观调控。政府与高校之间关系的调整，既包括思想、观念的转变，也有利益分配的调整，涉及市场经济条件下政府职能和政府行为的法律规范问题。完善的中国特色社会主义法律体系明确规定政府具有管理高校的权力，使政府能够有力地行使其职能，同时为了防止政府滥用管理权力问题的出现，需要规定政府管理高校的范围，从而制约政府的行为。法律体系的构建既要充分发挥市场的调节作用，又要加强宏观管理，即属于市场调节的领域，政府要充分发挥市场的调节作用，规范市场运作，对于市场不起作用的领域，政府要施加行政干预。

加强政府的宏观管理。高校作为我国高等教育系统的重要组成部分，对于推动我国经济发展、提高整体科技实力具有不可忽视的作用。基于此，国家倡导政府以宏观管理的形式来指导高校的发展。政府的宏观管理体现在以下方面：从政府与高校的关系上来说，政府的管理方式要由直接的行政管理转向依法进行宏观管理，保证学校的办学自主权；从政府与市场的关系上来说，政府要规范市场运作，发挥市场对教育的适度调节作用。政府要根据区域经济发展情况和高校的实际，对于适合应用市场管理的领域引入市场机制，充分发挥市场的调节作用，实现高校内部资源的合理配置。高校作为独立的学术结构和教育结构，在引用市场机制时必须坚持公平与效率的原则，选用符合社会发展的先进管理理念，坚持效率优先，追求利益的最大化。为了实现教育资源的合理配置，这就要求政府在充分发挥市场调节作用的过程中及时地进行宏观管理，一方面，要明确公共教育资源是政府教育经费分配的重要组成部分，应当坚持公平优先、兼顾效率的原则，即国家要确保每一个公民都享有受教育的权利，在平等地保证基本需求的前提下，向效率高的优质教育部分重点倾斜，并且创造一个公平竞争的环境和机制。另一方面，政府部门要充分发挥经济杠杆的调节作用，确保教育资源供求关系间的平衡，对于残疾学生等弱势群体，建立和完善资助制度，通过奖学金、助学金、贷学金等形式，帮助他们获得平等受教育机会。要大力加强农村教育，改善农村办学条件，强化经费保障，提高农村教师素质，持续优化教师队伍结构，让农民子弟有更多的机会进入高等学校，促进教育公平。

建立与社会主义市场经济相适应的高等教育运行机制。承担着培养高级人才重任的高等学校，并不是一个孤立的个体，在市场经济条件下必然或多或少地与劳动力市场、知识市场建立关系，受到市场活动的直接调节。当然，在社会主义市场经济中，高等学校与市场活动的关系不是自发的、盲目的，而是要处在国家政府的有力调控之下，是国家政府宏观计划下的市场调节活动。

二、高校内部的管理体制改革

高等学校内部的管理体制改革是一个相当复杂的问题。高校内部行政管理体制的改革是一项长期性、系统性的工作，需要高校管理者解放思想，按照教育规律管理学校。当前我国高校管理者的教育教学观念已经发生了很大的转变，与高校教学、科研相关的外部环境得到改善。高等学校内部的管理体制改革不仅是实施我国科教兴国战略的需要，而且也是推动高等教育发展的动力。因此，今后的改革重点应在以下几方面进行创新和突破：

（一）明确各自职责，加强学校领导干部的任命机制改革

高等院校内部管理体制的改革要遵循高等院校的发展规律，承认高等院校的特殊性，即学校和政府机关单位是有着本质区别的，学校的运作逻辑和运作轨迹和政府部门的运作机制也是大不相同的。如果高等院校的管理不考虑高校的特殊性，而是将政府机关的管理模式套用到学校的管理中，实施行政委任制，走行政逻辑的路线，就会冲击学校正常的教育教学规律，挫伤教职员工的积极性。高校领导干部在实行聘任制的过程中，要按照公平公正的原则。首先，由教师代表大会、工会代表大会、教授委员会等组成考察委员会，根据岗位需求，制定领导干部的选拔标准；其次，选拔过程要公开，考察委员会具有监督选拔过程的权利；最后，对于准备聘任的领导干部举行一定范围的公开答辩。

（二）转变管理理念，树立经营学校的观念

观念的转变是改革得以推行的前提。如果人们没有从观念上意识到改革的重要性和紧迫性，自然就不可能将改革落实到行动中。面对社会变化，高校要解放思想，根据社会的变革及时调整办学理念和管理理念，开展研讨会，借鉴先进经验，更新管理思想。随着社会的发展，高校与社会的联系日益紧密。政府鼓励社会资本进入高校使得高校的投融资机制发生了改变，一批民办大学逐步建立起来，高等教育产业化日渐深入。高校转变管理理念，不仅是市场发展的需求，而且也是高校遵循教育发展规律的必然选择。高校必须坚持学习先进的管理理念，将学校当成事业来经营，不断增强和扩大自己的办学实力和社会影响力，从而更好地为教学科研服务。

（三）加强高校管理职能的调整，促进机构改革的进程

计划经济体制下，高校的管理是一种行政管理，政府教育部门通过行政命令和审批的形式来管理高校。知识经济时代，知识同经济的联系越发的紧密，由之前的间接影响经济转变为直接地参与经济活动。知识已经成为经济生活的一部分。知识的作用不仅通过掌握知识的劳动者体现出来，而且可以直接变成财富，即实现知识的物化。高校的管理对象日趋复杂，管理内容日益多样化，管理需求多元化。

面对这样的新情况，高校要及时调整自己的管理职能，明确哪些是必须管的，哪些是不必管的，哪些是可以委托给其他机构进行管理的，将管理的重点放在学校的发展大局上，根据职能的变化，适时地进行管理机构的改革，从而提高管理效率。

（四）加强高校人事分配制度改革

人事制度改革是一切行政制度改革的核心，高校管理体制改革自然也不例外，只有紧抓人事制度改革这个核心问题，高校改革才能得以持续推进。"核心竞争力"这个词已经被广泛地应用到各行各业当中，其实这是一个经济学术语，来自最新的企业管理理念。企业管理界的专家和学者认为，企业的竞争不仅是产品的竞争，更是企业内部群体创新能力的竞争，归根结底是人才的竞争。核心竞争力在高校中的应用主要体现在师资方面，而高效率的管理则可以激发教师的积极性，发挥他们的潜能。市场经济体制下，高校要将市场机制引入管理体制改革中，在人事分配制度的改革中采用竞争机制，提高教职员工的待遇，建立完善的激励机制，对于在教学和科研工作中作出卓越贡献的教师进行奖励，对于不适合从事管理工作的员工进行分流，充分调动广大教职员工的积极性，发挥他们的聪明才智，实现人才的合理分流和利益的合理分配，进而不断提升学校的综合实力。高校人事制度的改革要综合考虑我国发展的实际和高校的特殊情况，实行科学、合理的改革办法，如高校在实行减员增效时，要做好分流人才的岗位安排，不能将就业的压力推向社会。

（五）建立和完善社会保障制度

随着我国改革体制的不断深入，我国必然要实行机构和人员的大调整，裁撤职能重叠的机构，精简人员是改革的必然选择，也就是说，除了保留必需的机构和人员之外，其他的大量人员应进行分流。在政校分开、校企分开之后，行政机关单位和高校的很多人员分流到企业。进一步深化事业单位改革，加快建立和完善社会保障性制度，是高校分流人员转变观念的基本保证。

（六）建立和完善高校内部的评价体系和考核制度

如何对评价体系进行改革，以推动我国经济社会的健康发展，成为社会各界关注的热点问题。基于此，高校要高度重视评价体系的建设工作，将高校评价考核体系纳入战略规划当中，从高校的实际出发，积极探索符合本校特色的评价考核体系，大力改革教师的评定考核制度，构建科学、合理的评价考核体系，进而调动教职员工的工作积极性，从而在高校形成一种良性的运行规律。

（七）加强高校管理方式和管理手段的转变

随着社会经济的发展，高校的管理对象日趋复杂化、管理内容多样化，各利益相关主体对于高校管理提出更高的要求，希望高校能够提供更加丰富的服务。在这种形势下，高校的管理者要积极创新管理模式，加强高校与社会的联系，尽快建立高等学校与社会相互合作的有效机制。与此同时，高校还应完善中介组织，充分发挥中介组织桥梁与缓冲的作用，通过中介组织实现高校内部资源的合理配置，进而达到降低交易成本的目的。

（八）建立健全高等学校内部的各项规章制度和加强组织建设

完善的规章制度是高校各项政策得以落实的制度保障，为此，高校在征集校外专家和本校学生意见的基础上，制定符合本校实际的章程，并根据社会的发展，进一步细化和完善章程。高校政策的落实有赖于合理的组织结构，为此，高校要组建教代会、教授委员会等学术组织，并赋予其相应的职权，确保他们在重大问题的决策中能够发挥应有作用。高校要坚决维护教职员工的合法权益，发挥工会组织的作用。除此之外，高校还应尽快建立和完善自我约束机制，使后勤服务工作、学生管理工作等逐步向管理工作专业化、职业化方向发展。

第五章 基于不同环境的高校教育管理思维创新

本章为基于不同环境的高校教育管理思维创新，主要介绍了四个方面的内容，分别是基于大数据时代信息化的高校教育管理创新、基于新媒体环境的高校教育管理创新、基于大思政格局的高校教育管理创新、基于"互联网+"时代的辅导员工作创新。

第一节 基于大数据时代信息化的高校教育管理创新

一、基于大数据时代信息化的高校教育管理体制

（一）高校教育管理体制需要在信息化下进行改革

管理系统由三个方面构成，分别是隶属关系的确立、组织机构的建立和管理权限的划分。高校教育管理系统指的是对高校教育管理的组织结构和权利归属进行划分。高校作为特殊的行政机构，组织结构的划分也相应地具有特殊性，即要从大学的管理体制出发，遵循教育教学规律，综合考虑高校培养目标的特殊性和教学水平。

蓬勃发展的计算机技术和网络通信技术悄然改变着人们的生活，21世纪是信息化的时代，网络技术在教育领域得到了广泛的应用，学校的环境日趋复杂化，学生的需求更加多样化，这就要求学校根据社会的发展，更新管理观念，采用多样化的管理方式，促进学生个性化成长。教育管理体制改革的顺利推进有赖于信息技术的飞速发展，信息技术在学校管理体系中的广泛应用不仅为教育事业的发展提供了强有力的技术支持，而且为教育管理体制改革注入了新的活力。广大师

生都成为网络信息技术的拥护者，他们具备参与改革的知识和能力，教育管理者要抓住信息社会的机遇，充分发挥广大师生在教育管理体制改革中的领导作用，不断提高他们的综合素养水平，与时俱进。

（二）高校教育管理组织机构的变化

我们可以从以下几方面对组织的结构进行评价：

1. 责任性

组织的每个成员都具有促进组织发展的责任，信任组织，对组织具有强烈的认同感和归属感。

2. 适应性

组织并不是一成不变的，要根据时间的变化进行革新。

3. 及时性

组织内的每个成员要保质保量地完成组织分配的任务，速度要快。

4. 响应性

当组织外部环境提出需求时，组织要及时地予以响应。

5. 效率

对于组织分配的任务，组织成员要不打半点儿折扣地完成，在确保最小出错率的基础上，考虑资源的经济性，即以最小的成本完成最多的任务。高校教育管理是通过加大管理组织扁平化，取消大部分中间管理层，以达到优化组织结构的目的。

（三）高校教育管理权限的重新划分

对高校而言，高校层面是宏观层面的管理，高校教学质量的高低同高校能否实现协调控制有着直接的关系。这就要求高校站在全局和战略的高度谋划发展，采用强有力的措施对高校内的所有专业进行管理，并根据学科特色，实行对应的方针，这样才能为教学过程的顺利开展提供有力的保障和支持。高校的管理工作有着丰富的内涵，包括领导学校招生和分配工作、决策全校教育管理重大事项，完善教育管理制度规章，顺应时代的发展，完善教学质量评价体系，设计科学化的教学培训计划，加强教学基础设施建设。

高校管理措施的顺利实施离不开全体师生的认同和支持，因此，高校在实施这些管理活动时要征求教师和学生的意见。学校管理系统具有三方面的职能，分别是宏观管理、为教学工作提供方便、决策。其中宏观管理是学习管理系统重要的职能。值得注意的是，学校管理活动在不同部门不仅有着不同的分工，不同部门在管理系统中的权限也是大不相同的，如何分配权限，如何分工合作，成为学校管理者必须思考的重要问题。目前，大部分学校（系）级各部门层面有自己比较完整的教学管理组织结构，如设置了教务处、教研室等部门，并配备了相应的教学秘书，教务处的职责为根据学校的教学任务，制订各学科的教学计划，组织教学研究活动，对学校拨给院（系）的教育经费进行合理的安排，根据学科发展需要，增加或者缩减教师的数量，为了考查学生的学习情况，组织各种考试，负责安排学生参与实习和实践活动，协调院（系）、学校教学之间的问题等。在这一系列活动中，都不能忽视师生参与决策的作用。

二、基于大数据时代信息化发展高校教育管理

（一）改革学生的培养方式与管理模式

信息时代对于人才提出了更高的要求，不仅要求人才具有丰富的专业知识，而且还要具有良好的能力，如发现问题、解决问题的能力，团队合作能力等。学校承担着培养人才的重任，面对社会和用人单位的新需求，学校需要改革人才的教育方式和管理模式。快速发展的信息技术为学校改革的推行提供了技术支持。大数据环境下，改革学生的培养方式主要体现在以下三方面：

一是在教学中推进"参与式"教学法。"参与式"教学法以提问为主，教学的内容具有开放性。在传统教学法中，教师向学生提出问题，学生回答，教师根据教学参考书中的标准答案来评判学生回答得是否正确。"参与式"教学法中的问题具有开放性，即没有固定的标准答案，学生无论从哪个角度来回答，都不能算是错的。在传统教学法中，教师为了检验学生的学习成果，经常会布置作业、论文；在"参与式"教学法中，教师很少布置作业，甚至没有论文。"参与式"教学法强调学生创新能力的培养，给学生留下充足的自由思考的时间。教师向学

生提出问题，学生利用网络技术和计算机技术收集相关信息来解答问题，通过对问题的解答完成知识学习与内化。从本质上来说，"参与式"教学法是一个学习实践的过程，引导学生借助网络搜集信息，不仅有助于培养学生主动解决问题的意识，而且还学会了与"问题"有关的知识。由于成长环境、教育背景的不同，导致学生的学习能力和兴趣爱好有着很大的差异，"参与式"教学法针对学生的自身特点确立了恰当的培育目标，采用了个性化的教学方案，让每一个学生都得到了锻炼的机会，助力学生阳光健康成长。

二是努力培养学生的社会实践能力，加强实践教学。实践教学的开展有赖于实践和实验资源的物质支持，如果实践和试验资源不足，就会对实践教学水平产生负面影响。高校可以利用计算机和网络编制软件。这个软件具有虚拟实验室的功能。学生可以设置实验条件，进行模拟操作，如利用计算机软件在虚拟实验室中解剖青蛙（数码青蛙）等。现实生活中的实验操作通常都是一次性，如果实验失败，就必须再次使用实验资源重新开始，实验成本较高。虚拟实验室的优点就是成本低，如果实验失败，只需要重新设置实验条件就可以再次开始，学生可以反复练习，直到熟练掌握。

三是鼓励学生跨学科学习，培养全面型人才。随着信息技术的发展，新的学科不断涌现，学科交叉成为科学发展的必然趋势。基于此，高校要建立交叉学科培养机制，培养学生的跨学科背景，如以基础学科为主的高校可以打破不同专业的教育壁垒，从而创建跨学科教学的培养机制。具体实现过程如下：首先，高校要根据本校特色和发展规划，确立系统性、科学化的培养计划，为学生选定必修课程，这些课程是跨学科的，包括文学、理学、工学的多个领域，通过跨学科的学习，锻炼学生的综合分析能力，培养学生的创新思维；其次，高校要构建完善的跨学科培养体系，提供多种专业、多类课程以及多个教师供学生选择，这样学生就能根据自己的职业规划和兴趣爱好制定培养目标，进行自主学习；最后，高校应完善相关课程，将交叉学科作为高校发展新的增长点，组织多学科的力量开展教学，形成跨学科的教学模式，让学生跨专业、跨班级，促使学生全面发展。

（二）完善教育管理信息系统

随着社会的发展，人们对高校教育管理的工作效率和服务质量提出了更高的要求，如详细了解高校的办学理念、及时收到高校的信息回复等。相关调查显示，完善的教育管理系统有助于实现各管理部门教育管理数据共享，进而推进高校教育管理信息化发展，提高教育管理的工作效率。高校教育管理信息系统的构建是一项复杂的工程，主要体现在以下方面：首先，教育管理信息系统有赖于完善的教育信息化基础设施建设，这就要求高校高度重视教育管理系统的建设工作，加大对信息化基础设施的投入，购买先进的电脑设备，优化教育资源配置，拓宽信息化建设的资金来源，吸纳社会资本参与信息化建设。其次，完善的教育管理信息系统离不开软件设施的支撑，高校要从战略规划的角度出发，征集专家、学者和校内师生的意见，明确教育管理信息系统的功能需求，开发多元化的信息管理软件，实现各部门教育管理数据信息的流通与共享。信息化管理系统并不是一成不变、完美无缺的，随着高校管理理念的更新，信息化管理系统也要进行相应的调整。同时，信息技术的更新换代速度不断加快，软件系统的生命周期不断缩短，信息技术部门和教育管理部门要定期了解信息化管理系统的运行状况，通过问卷调查、访谈等形式来了解信息化管理系统在功能发挥方面的问题，及时调整和改进解决方案，确保高校信息化管理工作的有效开展。最后，高校要优化教育管理软件系统，建立数据中心，将学校现有的业务系统应用，集成到平台上统一分配权限，实现信息资源的整合，根据自身实际需求，创建不同的信息化组织结构模块，规范工作流程，促进教育管理工作规范化、制度化。

（三）强化对大数据平台的构建

构建全要素流通平台，打破各部门的信息孤岛，充分整合外部互联网数据和用户自身的业务数据，对多维数据进行关联分析，为高校重大事项的决策提供信息支持。优化学校现有的管理组织结构，调整管理体制，强化对大数据平台的建设，完善数据库资源的共享和开放利用机制，更好地发挥大数据的作用。开展高校学生管理工作时，要做好信息的收集工作，确保信息的准确性。加大数据平台的发展力度，确保高校管理系统与实际业务需求完全适应。

（四）推进大数据在高校教学质量评价体系中的运用

1. 大数据对高校教学质量评价体系的意义

教学质量评价是指根据教学任务，预先制定教学目标和教学质量标准，为了确保教学过程各阶段和最终结果都能达到预定目标，对教学过程进行考察、评价的活动，教学质量评价不仅调查教学过程是否达到预定的目标，同时还分析影响教学目标实现的影响因素，针对影响教育目标实现的不利因素及时地进行反馈和调控。教学质量评价体系的优劣直接影响着高校教学质量的高低。符合高校实际、科学合理的教学质量评价体系是高校教学质量得以有效提高的保障。

大数据时代的到来，给高校教学质量评价体系提供了新的思路，建立基于大数据的高校教学质量评价体系，对推进高校教学改革具有重要意义。

2. 基于大数据的高校教学质量评价体系的特征

第一，评价全过程化。大数据技术使得收集教学全过程中的所有数据成为可能，并经过大数据统计、分析，实现全过程评价。第二，评价标准量化。大数据技术所具有的数据监测、分析能力使得曾经难以界定的、比较模糊的因素有了实现量化的可能，使评价指标更加全面，评价结果更加客观。

3. 基于大数据的高校教学质量评价体系的实现路径

（1）教学大数据的全过程采集

高校教学质量评价体系离不开丰富教学数据的采集，因此，要将采集日常教学数据作为高校教育管理中的重要环节。通过互联网、智能终端等高科技设备，可对教师与学生所有与教学相关的数据实现连续的、伴随式的收集，如学生的课堂表现、阶段测试、在线互动、资料检索、自我评价、同学互评等，教师的科研项目、教学成果、著述论文、同行互评、学生评价等数据，都对教学质量评价有极高的价值。

（2）教学大数据的科学化管理

对教学大数据的科学化管理是基于大数据的高校教学质量评价体系实现的技术支撑，数据是否准确、有效是实现数据科学化管理的前提和基础。要确保采集到的数据有效，需要做好以下工作：一方面，高校的各相关部门要共同参与、互相配合，形成制度化的数据收集、共享机制；另一方面，要对采集到的数据进行核查、筛选，挖掘出对高校教学质量评价有价值的信息，对这些信息进行整合和分级存储，以确保大数据在评价过程中发挥最大的作用。

三、基于大数据时代信息化建设高素质的教育管理队伍

对教学管理的质量产生影响的因素有很多，其中主要包括人力、财力、物力、信息等。教育管理者的存在十分重要，其主要作用就是编写与教学相关的规划、纲要，并对日后的学习内容进行安排，还需要负责安排课程与预定教材等。伴随着大数据时代的到来，教育管理质量也在逐渐受到人们的关注，其中最为关键的因素是信息，并且需要注意的是，若要真正实现管理的效能，就需要确保建立起一支高素质的教育管理队伍。

（一）大数据环境下对教育管理人员的素质要求

高校一般拥有着以下几个特点：知识密集、高新技术、人才聚集、思维活跃、信息渠道十分畅通等。伴随着近年来信息技术的飞速发展，教育管理人员应做到以下几点：

第一，树立强烈的服务意识。管理本质上就是提供服务，管理人员绝对不可以将自己看作是权利的管理者，而应当把自己当作服务者，为学生、教师、教学等提供服务，进而为崇高的教育事业提供服务。

第二，掌握教育理论和专业知识。值得注意的是，教育工作当中，教育的科学以及相应规律是基础，涉及的专业知识要掌握，由此才能够确保科学教育与教育管理能够实现。高校的管理人员应当具备足够的理论知识，也应当掌握对高等教育进行改革的相关理论。毕竟只有掌握相关专业知识，才能够在进行教育管理工作的过程当中对高校现有的所有资源进行有效而科学的管理。

第三，掌握现代信息技术，具备良好的信息素养。伴随着现代信息技术的不断发展，技术也应当随之不断更新，这就要求管理效率与管理人员的素质不断提高。教育管理人员不但需要拥有极好的信息素养，还需要能够顺利地对现代的信息技术加以使用。信息素养主要包含三部分，分别为信息知识、信息意识、信息

伦理。在高校教育管理中具体表现为，教育管理人员根据教育管理中的知识而成功掌握不同的信息源，比如，网络、计算机等。若要对现代信息技术加以有效利用，就需要对知识进行信息检索，并从网络当中获得自身所需要的信息。所以说，为顺应时代要求，应当学习一些教学管理软件，其中英语的存在十分重要，属于必备知识，由此才能够更好地顺应网络技术与教育国际化的发展。

第四，要有较强的管理能力。需要注意的是，应当建立起较强的组织决策能力。现如今，教育体制改革如火如荼，教育管理者只有具备足够强的组织决策能力才能够制订出科学、合理、合适的教学计划以及切实可行的政策措施，从而对整个教学过程施加影响。另外，应当具备较强的教育科研能力。通过查找资料并深入进行研究分析，从而准确把握国内外各大高校特别是一些精英院校的教学情况。世界教育改革的总趋势如下：教育管理、教学第一线人员，参与到课堂教学中，及时了解教学的情况，调查研究高校教学，以便更好地掌握整个学校的发展趋势，从而做好教育管理。教育管理本身属于一门科学，为了能够更好地进行管理，并有效提升教育管理的质量与效率，就需要研究者与教师对教育管理的特点与规律进行深入研究分析。需要拥有创新与开放的勇气，积极培养良好的集体合作能力。教育管理者应当积极更新自身的知识与观念，与时俱进，不可僵硬死板。对于教育工作者来说，将创新能力充分融入工作内容当中，对积极推动体育管理的进步十分重要。

（二）进一步提高教育管理团队的素质

在信息时代，为了实现高校的进步，培养出高素质的团队，就需要重视并提高教育管理队伍的素质，重点关注以下几个方面的工作：

首先，教育管理质量的培养。因为教育管理团队是由很多人组成的，所以要想建立一支高素质的管理团队，就必然要重点提升教育管理者的综合素质。其中，在对教学质量管理人员进行培训的时候，应当做好三项工作。第一，岗前培训。根据实际情况的需要，产生了中层管理者的职业，而这些管理者在上岗之前需要接受岗前培训，并对所掌握的知识进行深化。除此之外，还需要重点提高信息素质，以确保能够有效使用校园网与互联网进行办公与学习。第二，在职学习。应当对在职员工所接受的培训与学习进行组织与管理，重点提高教育管理水平的理论研究，通过灵活的培训模式，有效加强学校间的联系与沟通等。第三，提高学习的意识与能力。对于教育管理工作者来说，应当确保自身掌握一线教学的情况，从而有效促进教师教学实际情形的发展。

其次，提升高校教育管理团队的素质，促使整体能够进一步发展，而这不仅关系到教育管理人员的个人素质，也关系到教育管理队伍的整体发展。一般而言，若是结构合理，人们就能够互帮互助，从而产生更多的集体感，并且还会有效加强凝聚力与向心力。所以，教育管理团队的素质与整体效果的提升关键就在于教育管理团队的结构与组合。其中，若是对教育管理团队的结构进行优化，其一，需要优化队伍内部的年龄结构，使得不同年龄阶段的人都能够发挥出自身的优势，也能够形成经验上的互补，从而获得良好的整体效果，其二，对体系中的教育、学科、职称的结构进行优化。基于教学管理的角度来看，各个学科之间存在着相辅相成的关系。对于相应的职称与学历有着不同的要求，并且他们的职称与学历应当满足梯次结构的要求。对于决策、管理和具体的事务性工作存在不同的员工，各司其职就能够进行互补。教育管理团队要在人格上形成互补，所以对不同个性特点的人进行合适的组合安排有助于开展合作。

最后，积极性是一个关键因素，需要建立起竞争与激励的制度以对管理干部进行引导，以便有效激发其积极性。需要注意的是，在岗位责任制当中存在三个十分重要的环节，分别为责任、制度和奖惩。在管理当中，管理制度的核心为责任制，不同的职位会承担着不同的责任，也会有不同的要求，所以，想要组建一个合适的队伍就应当对不同的人进行不同的岗位与要求的选择。除此之外，在对员工岗位责任制进行考核的时候应足够严格，以便更加清晰地了解员工所掌握的技能以及员工的态度。定期考核，及时鼓励，奖励合理。通过考核，找到每一位员工独特的个性和特长，便于大家把自己的特长得以较好的展现。标准化是奖惩必须具备的特点，只有有所标准才能体现责任制。以上制度要落实到每个员工，使员工在一定压力下力求竞争。在奖惩时要特别注重几点：一是物质和精神两方面的奖励都不能忽视；二是奖励要区分不同的类别，然后分别进行奖励。不同的管理层次奖励是根据能力和差异的层级区分的。通常而言，不同位置对应不同的管理能力以及不同的奖励标准；三是应用多元化与动态的奖惩机制。每个人的需求不同，而且在不同时期的同一个人需求也在改变。为了使奖励制度具有激励相关人员的力量，在教师的各个成长阶段都要用不同的手段给以激励。

通过合适的政策能够有效提升教育管理的积极性，优惠政策的倾斜也必定会提高人们的积极性。

四、教育管理与大数据紧密结合

（一）完善教育管理制度

教育管理系统是根据国家教育法律、法规等，由上级领导部门决策并指示给以条例与规则。作为教育中的重要手段，其能够有效维护正常的教学秩序。

高校的管理制度主要包括以下四点：其一为教育材料的管理，比如，教学计划、课程安排与总结等；其二为学校学业进程，比如，考试时间安排、教课进度、资料档案管理等；其三为教师以及教育管理人员的责任与奖惩制度；其四为学生管理系统，比如，学生的代码、测试的代码等。

若要提高教学的质量，不但要建立起良好的教育管理制度，还应当根据各学校的实际情况建立起适合的、新的制度。第一，应当多对教学工作进行开会讨论，确立详细的会议制度，促使教学能够实现制度化；第二，对领导进行制度化与规范化的要求；第三，合理安排考试，对考试程序的管理加以重视，并使其能够实现制度化；第四，建立起完善的毕业生就业质量评价体系；第五，寻找专门的人员进行合理的监督；第六，对教学工程体系进行研究，并试图革新；第七，建立起标准的职业教育评价体系；第八，教学成果情况的结果传送，比如，四六级和全国计算机考试的合格情况，职称结构和教师资格等。

（二）校园网推动教育管理发展

环境是基础，教育管理的基础就是校园网络的平台建设。一是注重校园网络的作用。考虑整体发展，合理进行计划，要弄清楚网络的深层意义和扩展应用，思考网络建设的标准化等。二是统筹设计。充分考虑并实行网络的开拓、软件开发和校园网建设的应用，在施工中必须非常理性，做好网络接口，分阶段使用有限的资金，使效益最大化。三是软硬件相结合共同建设。由于设计软件耗时长，因此在进行网络改造时耗费的时间会更多。教育管理的信息系统是由多方面组成的，但系统可以独自设计，也能买到现有的加以使用。要尤为关注的是软件的适用性。四是专门应用。三分技术，七分管理，如此才能达到较好的效果。学校应该安排认真负责、技术过硬的教师担当校园网络管理员的重任，有效助推网络的多方面应用。五是加强深造培训。校园网影响全部师生和教育管理人员，学校应重视对教师实施优化管理以及专业化的教育培训，合理制订有效规划，使师生和管理人员能够充分应用校园网满足各自差异化的需求，产生对校园网的认同感，而不是对其出现抵触心理。六是加强使用。校园网应用的最终的目的是创造效益。只有加强对校园网的应用，加强对校园网的完善力度，才能够真正发挥和增强其价值。

（三）教学要有足够的投入

若是没有足够的基础资源作为支撑就很难确保价值的充分发挥。学校经费是教学得以顺利进行的基础，若是投资不足就会直接影响教学的开展。通常情况下，高校对于人才的培养不只是要求硬件资源上的投入，还要求软实力的支持，只有共同发展进步，才能够真正实现高效率的管理。现阶段，我们有很多途径进行教学的改进。其一，不只是依靠政府投入，还可以建立各种投资系统，基于不同的主体出发，寻找解决办法；其二，对经费的投入进行合理的规划，坚持以教学为重点，尽量减少费用的不合理分配；其三，为教师提供丰厚待遇，使得教师不再有后顾之忧，由此就能专心进行教学工作；其四，加强对学生的管理，有效增强学生在学习上的动力。

第二节　基于新媒体环境的高校教育管理创新

在信息技术快速发展的背景下，新媒体的应用也变得越来越广泛，对社会的各个方面产生了极大的影响。对于当代高校大学生来说，新媒体能够很大程度地满足大学生的各方面需求。在此背景下，大学生与新媒体之间产生了紧密的互动，这样来看，新媒体的发展将不止于此，而是会成为社会进一步发展的催化剂。在新媒体背景下，新媒体对高校大学生教育管理工作产生了极大的影响。因此，只有创新新媒体高校教育管理工作的路径，才能促进教育工作的顺利实施。

一、新媒体概述

直到今天，新媒体依旧没有形成一个准确且统一的概念。曾经，新媒体一度被认为是网络媒体，但是在对新媒体进行拓展与延伸之后，我们便认为新媒体是一种不断发展与变化的媒体形态。伴随着时代的发展，社会的进步，新媒体的内涵与形式也在不断地发生着变化。值得注意的是，尽管新媒体的概念一直在变化，是动态性的，但是不管怎样变化，都是从传统媒体的基础之上不断发展来的。如今的社会在不断地进步，而新媒体是建立在互联网技术与计算机技术之上的，所以就为大学生提供了能够进行信息交流的平台，是直接展现大学生生活的一种新的形态。当今的新媒体在优势特征上十分明显，它不但成功融入我们的生活当中，而且还对当代高校大学生的生活与学习产生了深远的影响。我们发现新媒体主要存在以下几个特点：

（一）实效性

新媒体打破了空间和时间的限制，只需要通过移动终端和互联网，就能够实现信息的快速传播，有效且实时地传递信息，缩短了信息传播的时间，也保证了信息的实效性。

（二）互动性

在新媒体背景下，能够让大学生不必受到空间和时间的限制，进行无障碍的沟通，全面体现出了新媒体的互动性。大学生可以通过全新的新媒体形式全面阐述自己的观点和意见，通过网络交流和沟通，呈现出多种多样的互动方式，这样的互动方式既方便又简洁。

（三）多元性

在传统媒体下，信息传递主要呈现为单方向的传播，而新媒体则让大学生成了信息的主动接受者。在大数据不断发展的过程中，新媒体所包含的内容将会呈现出多元化特征，信息的来源、发布、表现等形式也会变得越来越丰富。如今，新媒体下信息的表现形式不再是单纯的纸质版本，而是可以由图片、视频、音频等结合起来的信息。

二、新媒体对高校教育管理工作的影响

新媒体作为新的工具，不但能够准确搜索到有效的信息，还能够利用终端设备进行信息交流。所以，在高校教学过程中，教育管理者可以利用新媒体有效提高教育管理工作的效率。新媒体的出现对高校教育管理工作产生了积极的影响，通常情况下会表现为以下几个方面：第一，可以对教育管理手段加以丰富。在新媒体全面融入高校教育管理领域当中的时候，会直接对高校教师的教学方式与方法产生影响，新媒体能够承载更大的信息量，且信息传递更为方便快捷，所以，在高校教育管理工作当中，新媒体的存在全面丰富了管理手段，使得开展的教育管理工作能够进一步增强对大学生教育管理的效果。第二，积极拓展教育管理渠道。新媒体技术不但能够进行信息的传递，还能够作为辅助思想的工具存在。伴随着以人为本教育理念的影响，教育管理工作者应当积极拓宽教育管理的渠道，使之更能够满足现代大学生的教育需求。第三，提高教育管理效率。高校教育管理工作者应当加深自己对于大学生思想的了解，并在针对性教育的基础之上，充分体现出管理的时效性，在之后的发展过程当中，新媒体能够使教育工作更凸显目的性与针对性，也能够有效提升工作效率。

三、新媒体背景下高校教育管理工作的创新路径

（一）改革教育管理观念

基于新媒体背景之下所开展的高校教育管理工作，对大学生的素质有着较高的要求。在当前的高校教育过程当中，应当重点培养学生的创新精神与实践能力，还需要时刻注意学生的心理素质发展。而且，为了贯彻落实以上列举的育人手段，高校教育工作者应当明白新媒体背景之下的改革并不容易，需要长时间的艰苦努力才能够实现，需要对教育管理的观念进行全面的改革。一般而言，表现为以下

三个步骤：其一，重视现实需求的战略思考。现阶段，我国的很多高校都已经开始正式实施教育管理的新媒体改革，应当时刻注意现实的需求，并充分挖掘潜在的新媒体资源，组建合理的新媒体团队，从而对现有的新媒体资源进行全面的利用与改革，之后根据实际需要，对新媒体的各项功能进行合理的应用。其二，紧抓质量提高的建设目标。高校教育管理观念改革的过程当中应当重视教育管理的质量与效率的提升，需要对新媒体技术进行充分的利用，所以，我们可以认定新媒体教育的改革能够获得成功的关键就是对教育质量与教育效率加以保障。为了有效促进新媒体教育管理改革的可持续发展，应当更关注质量和效率等因素。其三，探究满足需求的观念改革。在进行观念改革的过程当中，不应当使用观念对学生进行限制，而是应当对学生进行充分且积极的引导，重点考虑学生的内在需求，对其采用人性化的教育管理，重点关注大学生的学习需求与生活需求，从观念改革入手，确保学生的个性化需求能够得到解决与满足，落实新媒体背景下高校教育管理工作。

（二）拓展教育管理平台

在新媒体背景下，全面拓展高校教育管理平台是落实教育管理工作的有效渠道，也是提高高校教育管理水平的重要举措，可以从以下方面落实开展：其一，拓展学生活动平台。在新媒体背景下，全面拓展高校大学生教育管理平台，主要方向是开辟出大学生活动平台，通过在平台上组建各种课外活动，更有利于学生养成独立的人格，更有利于其提升自身综合素养，更有利于高校教育管理工作的有效进行。在新媒体背景下开展高校教育管理工作，媒体环境可以为教育管理工作者提供有效的教育环境，更方便开展教育工作，同时利用新媒体开拓出来的高校大学生活动平台，更有利于建立高校交流平台，在此平台上，教师和学生可以畅所欲言，进行充分的沟通和交流，利用新媒体技术让高校大学生教育管理工作更顺利地开展，与此同时，让高校大学生明白新媒体时代教育工作的特殊之处，在不断的实践过程中培养学生的综合素养。其二，创建服务育人平台。大部分高校大学生都是刚刚成年，所以，尚处于发展的重要阶段，若是出现较为严重的心理问题会直接导致学生意识消沉，严重的还会使其产生厌学的心理问题。在新媒体背景下，能够通过在高校教育管理工作当中建立网络模式、服务育人平台，有效帮助大学生解决自身的心理问题，并积极引导其能够正确看待遇到的问题，促进学生的心理健康成长。基于新媒体时代的背景，在高校教育管理工作的努力之下，教育的凝聚力得以通过网络的形式表现出来，"美育"开始作为一个全新的教育理念出现，我们能够通过进一步加强美育教育从而完善高校网络教育模式，之后可以通过对美育实践加以丰富，从而使学生能够感知美、发现美，最终创造美，以确保能够培养出新媒体时代背景之下的高素养人才。

（三）创新教育管理方法

大学生是一个群体，有着共同的目标与任务。在新媒体背景下，创新高校教育管理工作的方法，能够促进学生管理工作的顺利进行，同时，创新教育管理方法，更能够规范学生的行为、提高学生的思想，从而对高校大学生起到良好的引导作用。在新媒体背景下，创新高校教育管理的方法可以从以下方面落实：其一，拓展民主管理渠道。在新媒体时代背景之下，信息得到了快速传播，由此使高校教育管理方法也开始了改革，最终目的是实现对高校大学生的民主管理。若要在教育管理当中充分发挥出网络本身的特点与功能，就需要在新媒体的背景之下建立起网络式的民主管理模式，最终实现高校教育管理工作的广度与深度的全面拓展。其二，提高民主管理水平。在进行高校教育管理方法的改革过程当中，应当重点关注对学生的主体性进行突出与尊重，新媒体环境能够在一定程度上呈现出强化民主管理的趋势，所以，高校的教育管理工作者应当及时更新自身观念，积极掌握创新方法，并以此全面落实高校的教育管理工作，以便实现学生素质的全面发展。其三，深入民主管理。高校大学生的民主管理主要是指其为了实现高校教育所确定的目标，并满足社会或自身对于个人素质发展的要求，而从根本上调动自身的主观能动性所开展的管理活动。伴随着新媒体时代的发展，信息化的资源在不断拓展，而高校的大学生所拥有的自主意识也在不断地增强，所以，民主管理逐渐发展成了新媒体环境之下高校教育管理工作的创新方式。

（四）更新教育管理内容

在新媒体的背景之下，我国高校大学生的教育管理内容在新媒体技术的不断发展过程当中逐渐拓宽了自身的广度与深度，使得高校教育管理工作逐渐拥有了更为全面的意义。值得注意的是，在新媒体的背景之下进行教育管理工作内容的更新主要是将大学生的发展需求与教育管理进行有机结合，并创设出有着针对性的教育管理工作内容体系，其中主要包含以下两个方面：其一，强化"三观"教育内容。高校大学生尚处于"三观"形成与发展的重要阶段，所以，这一时期的高校教育管理工作的要求十分严格，教育工作者也应当清楚在新媒体的复杂环境之下应当怎样将教育管理工作落实。教育管理工作者应当加强自身对于新媒体技术与背景的认识，需要重点加强在新媒体环境当中的精神文明建设，并积极引导大学生加深对新媒体背景的认知，还要树立起正确的世界观、人生观、价值观，防止学生沉迷于虚拟的网络环境当中影响自身的发展。基于以上理念指导，才能够更加全面地对教育管理工作的内容进行更新，从而使大学生能够接受正确的教育管理。其二，推动家校教育管理。在新媒体时代之下，通过新媒体技术有效拉近学校与家长之间的关系，促进双方能够进行有效的沟通，由此就能够方便双方就学生的信息互通有无、加深了解，从而采取更加切实有效的教育。简单来说，就是在新媒体时代背景之下，教育管理工作在沟通内容上进行了更新，从而能够对学生的心理变化、思想变化、生活变化等各方面开展针对性的管理工作。

（五）重构教育管理评价体系

伴随着新媒体时代的到来，高校教育管理工作始终坚持着创新发展，并且伴随着高校教育观念、平台、方法、内容等方面的创新，逐渐建立起了高校大学生教育管理评价体系。在新媒体的背景之下，高校的教育管理工作者应当积极探索、使用新媒体技术，并对学生进行个性化的教育，对高校大学生教育管理工作的开展加以规范。通过对新媒体背景之下的高校教育管理评价进行研究，我们能够明显发现其中包含了很多方面，评价内容也逐渐向着多元化、社会化的方向发展。现如今，新媒体背景之下的高校教育管理评价体系已经发展成了一个真正的管理信息系统，由此建立的高校管理服务也应当确保满足学生的需求。一般而言，高校大学生教育管理评价体系的重构可以从以下几个方面入手：其一，对评价主体的多元性加以强调。对于评价主体，应当重点加强学生的评价比例，还可以在其中融入社会评价、高校评价、家长评价等主体要素，以便能够重点突出在新媒体时代下高校教育管理评价体系多元性的特点。通常情况下，为迎合新媒体环境，可以对教育管理加以丰富，并全面引入多元性的评价主体机制。其二，展现评价内容的时代性。基于高校教育管理价值理念对教育管理评价内容进行研究，其中评价的相关内容不但应当重点体现新媒体时代的特点，还要能够表现网络环境当中高校教育管理的重要性，并且，在开展教育管理工作的同时，我们还需要基于评价内容对教育管理进行全面考评。其三，实现评价结果的开放性。我们应当在高校教育管理评价的结果之上突出表现评价结果的开放性，之后伴随着评价主体多元性的落实，评价内容也在不断地发生着变化，并逐渐丰富起来，通过对评价结果进行全面的监控，能够充分体现新媒体的特点。

（六）提高教育管理人员能力

为了全面落实高校教育管理工作，需要从根本上提高教育管理人员的自身素养，还需要从教育管理人员所掌握的教育方法入手，让其精通新媒体技术。同时，将新媒体技术全面贯彻到高校教育管理工作中，因此，高校更要注重对教育管理人员的培训工作，通过多种途径的培养，帮助其提升专业能力和素质，让其为教育管理工作贡献力量。其一，提升业务能力。在培训过程中，高校要帮助教育管理人员树立对新媒体和教育的新认知，在培训过程中要转变教育管理人员的固有思维，要让其利用自身的优势广泛地接触新媒体理念和思想，进而将新媒体技术与教育管理工作进行融合。在实际培训过程中，培训方案可以分为理论基础培训和实践技能培训两个部分。根据教育管理人员的培训过程，同样还需要建立科学规范的原则。因此，高校教育管理部门更要统筹全局，科学地开展教育管理工作，全面帮助其自身提升业务能力，以便更好地开展教育管理工作。其二，培养语言能力。除了在理论和技术上的学习培养外，在新媒体时代下，教育管理人员的语言能力也需要全面进行改进。其三，养成媒体操作能力。在新媒体时代下，教育管理人员需要时刻活跃在网络的前线，根据新媒体的特点，更要加强利用其特点，发挥高校教育管理工作的优势，这也符合现代教育管理的根本意义。

第三节 基于大思政格局的高校教育管理创新

高校应当"把思想政治工作贯穿教育教学全过程，实现全程育人、全方位育人"。

2019年，教育部部长陈宝生在全国教育工作大会上强调，要"推动思想政治工作体系贯通学科体系、教学体系、教材体系、管理体系"。[①]若要对"大思政"的工作理念进行贯彻落实，高校就必须坚持对教育管理模式进行革新，牢牢把握住思政工作，全面贯彻落实党的二十大精神和全国教育大会精神，将"六个力"作为突破口与着力点，有效增强管党治校的领导力、增强共同理想的凝聚力、增强主流声音的引导力、增强攻坚克难的创新力、增强推进项目的执行力、增强人文精神的亲和力，从而在整个高校管理的过程当中落实思政工作，最终构建出"大思政"格局。

一、增强管党治校的领导力

若想要建构出"大思政"的工作格局，就需要加强对高校教育管理的顶层设计，明确社会主义的办学方向并加以坚持，重点突出政治领导、思想领导等，充分发挥出政治核心作用。

（一）坚决贯彻落实中央、省委、市委精神

应当对中央、省委和市委发布的相关文件的精神进行全面且准确的把握，并深入学习全国高校思想政治工作会议精神，进一步提高政治站位，努力凝聚思想共识，最终将思想认识统一到中央对思想政治教育的重要性认识上、中央对思想政治教育的形势分析判断之上，以及中央对加强与改进思想政治工作的部署上，从而确保能够彻底地将思想政治工作的理念要求贯穿整个高校教育管理的过程中。

（二）坚持党委领导下的校长负责制

始终坚持在教育管理当中党委处于领导核心地位，对各项政治纪律以及政治

---

① 陈宝生．在2019年全国教育工作会议上的讲话［N］．中国教育报，2019-01-31（1）．

规矩进行明确和严格的落实。另外，还需要严格执行党委领导之下的校长负责制以及民主集中制的原则，全面贯彻落实全面从严治党、从严治教、从严治校的要求，深刻把握"两个确立"的明确意义，树立"四个意识"，坚定"四个自信"，坚决做到"两个维护"，对"三重一大"制度以及党委会、校长办公会议事规则、党政联席会议制度进行完善，保证在整个教育管理过程当中，党委能够实现对高校工作的全面领导，其中最为重要的就是对思政工作的领导，抓紧、抓实思政工作的主体责任、政治责任和监督责任。

（三）坚持高校基层党组织建设

要对组织育人进行优化，日常管理的过程当中也需要严格落实各项党的组织生活的规章制度，开展高校党组织"对标争先"建设计划。除此之外，还需要认真落实党员的日常管理监督，积极发挥出各级党组织所具有的育人保障功能，对旗帜引领加以强化，真正实现党旗在哪里，党员的先锋模范就出现在哪里，充分发挥出先锋支部的战斗堡垒作用。

二、增强共同理想的凝聚力

"大思政"工作本质上就是人的工作，其中的重点就是教师与学生，需要从这两端发力。在高校管理当中，思想建设的首要目标是理想信念教育，其根本为立德树人，需要凝聚教师与学生的共同理想，以及强大的向心力。

（一）以伟大的中国梦凝聚师生理想认同

在高校教育管理的过程当中，始终坚持将党的二十大精神作为思想政治教育时代化的重要内容，积极引导教师与学生能够深刻领会党中央的治国理政新理念、新思想、新战略，教育并引导学生能够坚定自身的理想信念，从而有效增强中华民族伟大复兴的历史使命感和社会责任感。

（二）以社会主义核心价值观凝聚师生价值共识

一般而言，我们认为能够对中国力量进行充分凝聚的思想道德基础就是社会主义核心价值观。对于高校来说，其主要任务就是培养出能够担负起中华民族伟大复兴重任的人才，所以，需要将认知、认同作为着力点，确保社会主义核心价值观能够充分融入教书育人的过程当中，重点加强对于师德、师风的建设，并且重点关注教师与学生道德素养的提升，最终有效增强社会主义核心价值观的培育与践行的实效性。

（三）以立德树人为中心凝聚师生共同思想基础

高校教育的中心环节是立德树人，并且将提升学生的思想政治理论素质作为着力点，通过以教促学、以学促教、教学相长的方式，使得全校师生共同享有梦想成真的机会以及成长进步的机会。除此之外，还会激发教师与学生的智慧，并对教师与学生的力量加以凝聚，有效促进了师生的发展，使得高校思政工作的优势能够充分转化为促使全校师生集体成才的强大动力。

三、增强主流声音的引导力

需要注意将思想政治教育工作充分融入教育管理的日常当中，若要做到这一点，就需要牢牢把握意识形态的工作话语权，重点加强宣传教育，充分发挥思政课堂的作用，努力营造一个风清气朗、氛围良好的校园环境。

（一）牢牢掌握意识形态工作话语权

高校若是想要牢牢把握意识形态工作话语权的本质与核心，就需要坚持并积极发展马克思主义，建立起意识形态工作领导小组，重点加强对于意识形态工作责任制的实施细则，建立起一个形式与政策教育教学工作领导小组。除此之外，还需要重点培养一大批网络舆论人才队伍，有效提高引导的速度、广度、精度、信度、效度，做到见人、见物、见精神，入耳、入脑、入心，见行、见动、见效。

（二）发挥马克思主义学院主阵地作用

高校当中能够加强意识形态工作的主要阵地就是马克思主义学院，所以，高校应当从基于意识形态工作的大局以及落实立德树人的根本任务的角度出发，充分认识马克思主义学院所处的地位与作用，并且实施马克思主义学院领航计划，重点进行马克思主义的学科建设与德育实践，建立起理论读书社以及"新思想"

研习社等，积极推进相关研究与教学，真正实现马克思主义中国化成果的教育应用。

（三）优化新闻宣传工作环境

要规范优化宣传工作环境，建立健全宣传管理、阵地监管等制度规范。强化课堂教学的管理，严把课堂教学政治关、质量关，确保政治导向正确，内容积极健康。要加强网络规范化管理，构建网络安全工作机制，加强舆情监督引导，及时分析研判舆情信息。要建立新闻发言人制度，及时发布高校重要事项和回应社会关切的热点问题，充分发挥新闻宣传的舆论导向功能，做好思想武装，有效凝聚共识。

四、增强攻坚克难的创新力

加强思想政治工作，只能从发展中来、从改革中来、从创新中来。高校教育管理必须定位清晰，为思想政治工作的创新性发展提供支持与保障，才能形成"大思政"的强大合力。

（一）建立部门合作创新机制

要建立各部门合作共建的全方位思政工作格局，以党委统一领导为核心，党委宣传部门牵头，各级党政工作部门要着眼大局、勇于担当、明确责任，将思政工作成果作为部门目标管理和实绩考核的重要内容，协调各方，激发协同创新动力。

（二）持续推进创新驱动发展战略

要实施思想政治理论课改革，以思政理论课为主渠道，贯彻落实高校思政理论课建设体系创新计划，改善课堂环境条件，创设满足思政教学情境的现代化教室。要积极推进中华优秀传统文化进课堂，组织思政教师集体编写中华优秀传统文化辅助读本，探索本土化、校本教材建设，增强教学的吸引力、说服力、感染力。

（三）强化思政创新的经费保障

要优先保障思政工作的基础建设，设立专项经费，健全投入保障机制，夯实思想政治工作经济基础，支持思政课教师进行学术交流、培训进修和社会实践教育等，鼓励思政工作创新，激活思政工作队伍的内在活力，创造施展才华的良好平台和发展环境。

五、增强推进项目的执行力

高校教育管理应当以项目建设为抓手，坚决落实改革工作。

（一）强化"马上就办"工作作风

积极弘扬"马上就办"的工作作风，主要领导坚持"四个亲自"，明确责任分工并严格落实，对领导班子与领导干部的年度考核加以改进，增加思政工作的权重，并且积极探索实行思政工作的量化考核，最终形成科学合理的定期评估方案，构建出一套完美的奖惩机制，有效推动思政工作逐渐由"被动执行"向着"主动执行"进行转变。

（二）强化制度落实

实行高校党委书记抓思政工作述职评议考核制度，成立高校内部质量保证委员会，完善思想政治教育评价、激励和监督制度，确保高校思想政治教育工作制度得到全面执行，每学期召开一次思想政治教育工作会议，定期自查、交流。

（三）建强骨干队伍

在高校的人才队伍建设总规划当中加入思政理论课教师的培养培训内容，需要按照教师与学生之间不低于1:350的比例足额设置专职思想政治理论课教师岗位，还需要严格落实专职思政工作队伍的岗位津贴制度，积极完善选拔、培养、激励机制，最终建立起一支优秀的、专门负责思政工作的骨干队伍，确保思政工作的队伍在数量上是充足的，在素质上是表现优良的。

六、增强人文精神的亲和力

高校要通过内化在治理架构、师生言行、物态环境中的管理理念和人文精神，通过师生在平等、自由、融洽的交流过程，教化人，熏陶人，全面发挥"以文化人"作用。

（一）构建高校文化生态，提高吸引力

对高校的文化生态建设加以重视并有效加强，除此之外，还可以通过丰富校园文化活动，对中华优秀传统文化以及革命文化、社会主义先进文化进行弘扬。若想要对大学的精神进行培养与发扬，就需要明确自身办学宗旨，最终打造出校园文化品牌。另外，重点加强对"互联网+"技术的运用，积极打造一个理想的大学生思想舆论阵地，重点传播正能量，积极弘扬主旋律。

（二）加强文化设施建设，提高学校人文力

要广泛开展文明校园创建，加强校园设施的建设和修缮，打造展现校园文化内涵的宣传长廊，开展多种形式的校园文化活动展现校园形象，深入挖掘中华优秀传统文化，弘扬学校文化历史传统，树立学校形象，擦亮学校名号，打造学校品牌，实现以文化育人。

（三）展现教师风采，提高感染力

高校应当对教师政治理论学习制度加以完善，并积极引导教师有效加强对中国特色社会主义的思想认同、理论认同、情感认同。需要始终"坚持教书和育人相统一，坚持言传和身教相统一，坚持潜心问道和关注社会相统一，坚持学术自由和学术规范相统一"[①]，可以通过艺术展览等活动，有效增强文化的感染力与说服力，并积极引导教师能够以德立身、以德立学、以德施教。

第四节　基于"互联网+"时代的辅导员工作创新

现如今，伴随着"互联网+"创新业态的发展，逐渐产生了互联网形态演化与经济社会发展的新形态，大学生的思想逐渐趋于多元化就是因为受到了网络技术的发展与信息资源的爆炸式发展的影响，而此种背景之下，高校的辅导员本身的职责也有所改变，相应的创新工作也面临着更加严格的要求与更高的定位。高校辅导员应利用互联网技术平台，倡导"互联网思维"的价值观和核心体系。

---

① 刘建锋.新时期高校思想政治教育内容创新研究［J］.集美大学学报(教育科学版)，2019，20(1)：7—14.

一、辅导员工作内容以及实现方式

大学生在大学里会经历两大过程，其一是知识化（专业化）的过程，具体来说就是通过教育和实践，学习、掌握人类积累的普遍知识和特定的专业知识的过程；其二是社会化过程，就是通过教育和社会实践，学习符合特定社会要求的社会价值体系、社会规范、行为模式，最终内化成为个人的价值观和行为准则的过程。由此，大学教育也分为了两个体系，分别为知识学习体系、人格培育体系。其中，知识学习体系就是教学系统，大学生专业知识与技能教学的任务主要由专业课教师负责，由此就能够有效促进大学生的知识化、专业化，人格培育体系就是学生工作系统，以人格培育为中心的学生全面发展的任务主要由辅导员负责，以便更好地引导学生的社会化方向。两个体系各有侧重，互为依存，互为促进，实为一体，共同构成了高校的人才培养体系。

（一）辅导员工作的内容及其相互关系

辅导员是高校学生日常思想政治教育与管理工作的组织者、实施者、指导者，其主要工作内容包含以下三个方面：大学生思想政治教育、大学生发展指导、大学生事务管理。需要注意的是，辅导员的工作内容有着一定的层次性与逻辑性。

1. 大学生思想政治教育是辅导员的核心性工作

我国的高校属于中国特色社会主义高校，所以，工作重点就是培养当代大学生坚定且正确的政治方向，以及高度的社会责任感、适应时代发展的优秀品德。在高校当中之所以开展大学生思想政治教育，就是为了激发大学生所潜藏的精神动力，确保广大学生能够在中国共产党的领导之下走中国特色社会主义道路，从而实现中华民族伟大复兴的共同理想与坚定的信念，其中充满了强烈的民族精神与浓郁的爱国主义情怀，使得大学生能够对党的路线、方针、政策等进行充分的理解与拥护，最终自觉且自愿地将自身能力的提高与发展和祖国伟大建设事业紧密联系起来。

2. 大学生发展指导是辅导员的主体性工作

现代的大学生所处年龄阶段大致为18～22岁，这一年龄段的大学生自主意识增强，自我个性也在凸显，善于进行独立思考，有着较强的求知欲与创新意识。由此，就需要辅导员进行大量的指导工作，以便更好地帮助他们获得充分的发展，为迈向社会进行充足的准备。通常来讲，若是没有正确的生涯规划，就不可能完成人生漫长征程，没有进行合理的学习规划和学业积累，就很难达到社会的基本要求，没有明确的职涯规划和创业经历，就很难在社会中立足，甚至于，若是没有健全的身心，就会导致社会化过程的中断。并且，大学生在大学期间所养成较强的表达与表现能力、沟通与合作能力、实践操作与实施能力、学习与创新开拓能力，都会为自己一生的可持续发展奠定坚实的基础。

3. 大学生事务管理是辅导员的基础性工作

学生事务管理的主要功能不但包括将各种管理的规定进行制定与落实，并确保大学生不会因为触犯相关管理规定而影响自己的学业与未来的发展，还应当有效解决大学生在学习与生活当中出现的各种具体的问题与实际的困难，从而使其能够顺利毕业。值得注意的是，这是一项基础性的工作，若是没有这个基础就很难发散思维谈论思想政治教育、心理健康教育、就业指导教育等，也缺少了基础保障与有力的后盾。另外，需要注意的是，若是没有管理好宿舍，就很难保障学生的基本生存条件，若是没有开展好学生的安全指导与管理工作，就会使其生活在一种危险的状态当中，若是没有处理好资助问题，也就很难再关注思想政治教育和成长与发展指导。若是处理好学生的事务管理工作，就能够确保为大学生的成长发展提供保障，还能够使得学生对辅导员产生情感上的认可以及信任，由此就能够更好地开展思想政治的教育与发展指导工作。

辅导员工作的职责不能相互代替，而是相互促进。在学生工作当中，重要的任务就是大学生思想政治教育工作。通常情况下，大学生发展指导工作的顺利进行，能够更好地促进思想政治教育工作的深化，还能够体现出思想政治教育工作的实效性。只有完美处理好大学生事务管理工作，才能使学生真正认可学校、辅导员，心甘情愿接受辅导员的教育与指导。若是不做好这一基础性的工作，就会在很大程度上直接削弱思想政治教育的效果，严重的甚至会使大学生产生逆反心理，最终影响其他工作的开展。

（二）辅导员工作内容的实现方式

在辅导员的工作内容确定且明晰之后，真正能够对工作效果产生决定性影响的因素就是实现的方式。现如今的大学生在主体性方面有着十分强烈的独立意向，更为重视情感的需求与体验。相比于学生，辅导员在年龄、学历、职位、经验等方面都有着巨大的优势。需要明确的一点是，辅导员与大学生在人格上处于平等的地位，所以，双方应当始终保持互相尊重，而且在辅导员开展工作的过程当中也应当选取合适的方式与技巧。

1.寓大学生思想政治教育于引导之中

只有将解决思想问题与实际问题进行充分结合，并辅以合理的引导，才能够使得思想政治教育本身具有足够的说服力。我们在重视对大学生灵魂塑造与精神牵引的时候，还需要重点关注学生自身的现实需求，并积极主动地为学生解决生活当中存在的种种现实问题，对其进行关心与引导，使得我们的思想政治教育更加具备说服力，从而使得学生更容易接受也更能增加实效性。

应当重视维护学生的个性，融入学生的情感，基于人文关怀的角度重点关注对学生的引导，有效增强思想政治教育本身的亲和力。若只是纯粹地灌输，很容易使大学生产生逆反心理，最后走向辅导员的对立面。一般而言，我们需要根据大学生自身的情感丰富、有激情的特点与其进行充分的感情交流，由此才能够在真情感化当中逐渐实现理性教育的渗透。

应当重点关注外在教育与学生自我教育进行结合，积极引导学生主动接受各种先进的思想与理念，之后将思想政治教育的内容成功转化为自己内心的信念。不同的大学生个体在人格、品德、思想等当面都存在着较为明显的差异，主要原因就是不同的人，其主观努力与能动接受程度不相同，所以，只有成功引导这些人自觉、主动、积极地进行自我学习与认知，才能够真正将外在教育内化为自己的气质与修养，最终实现人格与道德境界的提升。

2.寓大学生发展指导于辅导之中

需要重点加强对于不同的学生群体分类指导，并根据学生自身的特点进行辅导，有效增强对大学生发展指导的实效。比如，就应当鼓励并辅导那些在学习上尚有余力的学生多锻炼自身的创新创造与动手的能力，对于某些心理发展较为困难的学生群体，可以通过相应的心理咨询与辅导解决。值得注意的是，辅导的形式较为多样，比如，个别的谈心、谈话，以及集体的交流与畅谈，除此之外，还有面对面的沟通方式，也有在网络中进行心灵碰撞的方式等。

充分利用团体辅导的功能，使得大学生能够在发展中逐渐增强自身自信并认清发展目标。团体辅导本身是一种心理咨询与辅导，主要通过大学生的群体互动从而使得成员之间能够进行充分的交流，以便开展自我分析，担当自己的角色，最终完成个人及团体的使命。作为学习生涯与职业生涯指导的重要途径，团体辅导能够在大学生发展指导中发挥重大功能。我们能够通过充分利用"朋辈辅导"的作用，使得大学生发展指导更具亲和力与广泛性。值得注意的是，朋辈辅导本身属于一种学生之间进行相互辅导的方法，毕竟，学生之间以及平辈之间进行倾诉与辅导能够表现得更加放松。需要注意的是，在开展朋辈辅导之前，应当培养部分"朋辈辅导员"，而这些朋辈辅导员在接受专门培训之后，能够更加容易地在学生发展中所存在的具体问题上实现相互指导，比如，使学生学会倾听的技能，学会与陌生人打交道的能力，掌握肢体语言的能力等。

3.寓大学生事务管理于服务之中

所有用来对学生的行为进行规范的制度与条例都应当有着规范性、引导性、服务性。比如，班级的建设与管理规定不但能够有效解决学生的集体归宿问题，还能够为大学生提供良好的交际载体以及成长与发展的平台。另外，宿舍的管理规定也能够为大学生提供基本的生存空间与生活条件。

注重对人的管理，侧重对事的解决，着重满足大学生在发展过程当中所提出的各种合理的利益诉求。毕竟，只有全心全意为其解决学习与生活上的各种实际问题，真正做好后勤的服务与保障，对学生的学习环境与条件进行改善，才能够使其感到心情愉悦，最终心甘情愿地接受管理。对大学生的合法权益做到充分尊重，积极为其建立并完善申诉制度，使得他们的问题能够得到落实。通过申诉制度，不但能够有效督促学校根据事实在进行惩罚处理的时候做到规范与慎重，从而有效提升学生事务管理的水平。除此之外，学生的申诉、申辩过程也是对管理规章制度再学习的过程，并且是对自身行为进行反思的过程，通过这一过程能够促使学生的责任意识、独立意识得到提高。

二、运用互联网思维，定位高校辅导员职能

伴随着社会的进步、科技的发展，互联网潮流来势汹汹。基于此种背景，对高校学生的思想政治教育，包括辅导员、班主任以及主要负责学生工作的领导在内的所有人都需要在思想政治教育的出发点上保持一致，在职能的分工上要做到明确自身定位，寻找合适的机会充分发挥出自身的优势。除此之外，在工作当中也需要进行相互之间的有效沟通与配合，真正打造出一个以主管学生工作领导为支撑，以辅导员为纽带，以辅导员为着力点的学生立体管理体系。对于高校辅导员来说，需要在现阶段的学生管理体系当中明确自身的定位，由此才能够明晰新形势之下的高校辅导员肩负的使命，从而在工作当中真正做到有的放矢，充分发挥出思想政治引领的作用。

（一）辅导员应当成为学生思想的引路人

当今的大学生所成长的时代在物质上较富足，在思想观念上呈现出多元的特征。他们富有活力，也有着强悍的学习能力与创新意识。对于辅导员来说，应当充分尊重学生的思想差异，基于当今大学生的观念对学生的行为进行审视与评价。大学时期是学生培养并塑造自身世界观、人生观、价值观的重要阶段，学生也能够利用不同的渠道与形式对政治、经济等社会问题进行学习与思考，也由此能够对个人的发展与前途命运有着新的认知。另外，对于辅导员来说，自身思想引路人的职能要求关注并培养学生树立爱国、守法、明礼、诚信的思想意识，培养学生的责任意识。

（二）辅导员应当成为学生学业的导师

若想要发展互联网辅导员技术，就需要进行学习，只有这样才能够顺利进行创新与发展。我们常说，学习是大学生的天职，这一认知就是辅导员育人工作的直接体现。尽管大学生对专业的知识有着极强的探索欲与求知欲，但是其所面对的知识过多，且相关技术也在不断更新迭代，所以，很难选择合适的角度入手，这时就需要辅导员对其进行正确的引导与帮助，使其能够循序渐进地了解掌握学习新知识的科学方法，最终养成科学的学习习惯。一般而言，我们能够通过竞赛、

科研立项和学术论文审阅等科研活动对学生进行教育和能力提升。实践证明，这是一条行之有效的育人途径，辅导员也有责任、有义务积极引导学生了解专业并融入专业之中，为了实现这一目标，需要为其提供一条科学有效的学习途径。

（三）辅导员应当成为学生的心灵导师

现如今的校园文化环境复杂，其中多元化的思想开始交流汇聚。高校辅导员的主要任务就是引导大学生有效提升自身的心灵养分。在大学的生活与学习过程当中，需要辅导员能够在学生亟须帮助的时候给予关怀与指导，使其能够克服困难，由此就能够树立起辅导员亲民、和善的形象。有着不同成长背景的大学生在心理方面也表现出多元化的特点，而辅导员更应当深入大学生之中，及时解决学生的心理问题，有效消除干扰，从而更好地培养学生积极进取的乐观心态。辅导员应当通过自己的努力逐步发展成为学生的良师益友，在学生的心灵成长过程当中为其提供关怀，使得学生能够敞开心扉，表现自我。

（四）辅导员应当成为学生的职业规划师

辅导员应尽力帮助学生进行职业规划，引导学生及早做好准备，以便能够更好地面对社会对于人才需求的动态变化。除此之外，辅导员还应当积极对学生进行就业知识的普及，其中主要包含专业就业前景分析、就业发展方向以及对人才的要求等，需要将与就业相关的文件和信息向学生进行说明，并对学生进行就业的技能培训，使得学生能够熟练运用互联网获取自己想要的信息，并从中筛选出适合自己的求职方向。

三、大数据技术与辅导员工作创新

在大数据时代，各项服务决策都需要使用大数据进行支持管理的服务。对于高校学生的教育管理工作必须紧跟形势的发展，使用优良的信息化技术与大数据的方法论，最终充分挖掘大数据的潜在价值，从而为工作决策提供数据支持。

（一）高度重视，全面树立数据意识

数据属于资源和资产，在其中所蕴含的信息能够为管理决策提供重要的依

据。在很多高校当中建成并使用的各个新应用系统以及互联网等都是数据的重要来源。我们应当进一步树立起收集与利用大数据的意识。对于高校大学生的管理工作来说，应当进一步提升自身的数据敏感性，还需要重点关注数据分析发挥的重要作用。通过对相关分析结果的积极运用，能够有效提高学生的教育管理效率，进行精准化的管理，并提供个性化的服务。

（二）创新机制，顶层设计管理体系

大数据本身拥有十分重要的价值，所以，应当着手于机制，从顶层设计开始，对学生教育管理体系进行改革创新，最终创建出一套基于数据驱动的教育管理服务新模式。从数据采集、数据融合，到数据的挖掘展示和应用，构建出全方位的大数据驱动机制。

（三）全面整合，提高大数据的价值

高校校园内部存在各种应用系统，其本身都是各自独立运行的，还含有部分互联网、微信、微博等数据的碎片化特征。一般而言，若是想要真正形成大数据，就需要制定进一步的政策，之后利用技术手段对数据进行整合，再通过全面的整合之后打通数据之间存在的壁垒，从而使得沉睡的数据被重新计划，逐渐形成更大的价值。比如，可以通过对学生的管理系统以及财务管理系统进行整合。通过对学生的行为与学业之间的关联进行深入挖掘，建立起合适的预测模型，以便能够对学生的学业与行为进行预警，从而能够在问题出现之前成功采取相应的措施以保证学生的健康成长，最终顺利完成学业。

（四）加强力量，组建专业分析团队

通常情况下，大数据的收集与处理需要十分专业的技术以及挖掘的能力。应当成立一个专门负责进行大数据管理的工作领导小组，组建专门进行数据收集的队伍以及分析发掘的队伍。之后通过计算机技术进行数据采集与数据融合，并成功依据数学、统计学的原理进行数据的挖掘与建模，最终获得预测和决策的数据可视化成果，并在高校的人才培养当中，据此实现学生的学习资源推荐个性化，不但能够为学生制订出符合自身的学习计划，还能够及时监控并分析校园的舆情

影响等，更好地提升高校学生的教育管理有效性。

四、新媒体技术与辅导员工作创新

大学生在新媒体时代，自身的学习、生活、人际沟通等方式都出现了较大的变化。对于高校以及大学生的教育管理工作者来说，应当采用积极应对的态度，并在充分了解现代大学生的特点、新媒体的特点与相应的发展规律基础之上，从而能够更加深入地对新媒体进行研究与运用，除此之外，还需要主动占据网络思想政治的主导权，积极探索能够将"网上教育引导"与"网下教育管理"进行结合的教育管理方式，最终主动开创出新媒体时代的大学生思想政治教育新模式。

（一）转变思想观念，主动适应新媒体工作环境

人的价值观在形成的过程当中会受到改革方面的影响，比如，社会、学校、家庭等。新媒体对于大学生的影响十分深刻，已经深入到日常生活、学习、工作等方面。对于高校工作者来说，应当重点关注大学生的思想动态的变化，积极引导其树立起正确的世界观、人生观、价值观，通过新媒体打造的新平台对学生进行教育、引导、管理，从而更好地适应网络时代背景之下的学生工作实际。一方面，学生工作管理部门应当加强对学生的工作队伍进行新媒体使用的相关培训，重点加强对学生工作队伍的思想建设，还需要引导班主任、辅导员等学生工作者从思想意识上认识、接受并使用新媒体；另一方面，还应当有效加强对学生党员与干部的新媒体素质教育培训。不断提升思想政治素养，加强社会主义核心价值观的思想引领，确保能够在学生当中发挥先锋模范作用，从而更好地引导学生从思想意识上对新媒体加以有效利用。

（二）建设优秀新媒体教育平台，主动占领思想政治教育新领地

高校应当加强对新媒体的建设与使用，积极探索在新媒体环境之下的大学生思想政治教育工作的新途径与新模式。一方面，需要利用新媒体开放网络课堂，其主要内容为现代化的思想政治教育，积极营造出健康向上的校园网络文化氛围。积极鼓励辅导员与班主任使用微博、微信一类的新媒体信息渠道对大学生进行全

方位、多层面的思想政治教育工作。另一方面，还可以融合微博、微信和 QQ 空间"三位一体"的新媒体社交工具，建立为高校服务的官方微博、微信公众号等新的官方宣传媒体，搭建出优秀的新媒体教育平台，使得学生能够通过有趣的、接地气的方式，接收到鲜活的事例以及最新的观点、时政介绍等，使得学生能够更加关心时政、关心民生，最终树立起正确的世界观、人生观、价值观。

（三）"线上教育引导"与"线下教育管理"相结合

需要注意的是，网络并不是对现实的简单"复制"，存在于"线上"的思想政治教育也并不是"线下"思想政治教育的"电子版"。高校的思想政治教育工作者需要积极探索、建立一个"线上教育引导"与"线下教育管理"相结合的机制，最终成功实现"线上"与"线下"的互动。对现有的大学生教育管理模式进行创新，有效增强大学生教育管理的实效性。

（四）完善相关校纪、校规，培育良好的新媒体网络文化环境

伴随着国家逐渐出台与网络环境净化相关的法律法规，高校也应当积极进行调研论证，制定出合理的校纪、校规，并建立起科学的奖惩制度。还需要对优秀的新媒体文化宣传进行鼓励，积极引导学生主动参与到主流文化宣传队伍当中。除此之外，还需要对散布虚假、不良信息的新媒体平台或者个人进行严厉的处罚，以便确保学校的网络文化始终保持纯洁性，从而确保健康、文明、和谐、积极向上的新媒体网络环境能够拥有合理的制度保障，使得学生能够在文明、和谐的生活环境当中生活与学习。

新媒体时代的高校思政教育获得了无与伦比的机遇，高校辅导员应当及时了解当前形势，抓住机遇，通过新媒体平台，对大学生思想政治教育工作的新方法与新模式进行创新，营造出良好的校园网络文化氛围，积极推动高校大学生思想政治教育工作的发展。

参考文献

[1] 林陈姿.论协同育人的高校教育管理改革 [J].吉林省教育学院学报，2022，
　　38（9）：16—19.

[2] 方敏，刘翠.互联网背景下高校教学管理模式改革研究 [J].吉林省教育学院
　　学报，2022，38（9）：85—88.

[3] 鞠双双.高校教学管理信息化建设现状与分析 [J].现代商贸工业，2022，43
　　（18）：61—63.

[4] 陈舒英.五大发展新理念视角下高校教育管理改革创新路径分析 [J].吉林农
　　业科技学院学报，2022，31（3）：32—35.

[5] 张艺霖.新时代高校教育管理中存在的问题与改革对策研究 [J].大学，2022
　　（16）：43—46.

[6] 陆秋.新形势下高校教育管理模式创新与发展研究——评《高校教育管理与
　　创新实践研析》[J].中国高校科技，2022（5）：99.

[7] 张洁.试论创新教育理念下的高校教育管理 [J].山西青年，2022（9）：180—
　　182.

[8] 丁东海.人文关怀在高校学生教育管理中的应用 [J].黑龙江科学，2022，13
　　（7）：65—67.

[9] 吴明生.信息化环境下高校学生教育管理模式转变与应对策略 [J].山西财经
　　大学学报，2022，44（S1）：118—120.

[10] 冯绪猛.人本理念下的高校教育管理模式创新路径——评《区域高等教育国
　　际化研究》[J].中国教育学刊，2022（1）：118.

[11] 周敏."互联网＋"背景下高校教学管理模式创新及启示 [J].安徽开放大学
　　学报，2021（4）：69—73.

[12] 黄红卫.高校教学管理存在的问题及改革策略 [J].郑州铁路职业技术学院学

报，2021，33（4）：103—105.

[13] 林婷婷 . 高校教育管理融合"以人为本"理念摭探 [J]. 成才之路，2021（31）：7—9.

[14] 吴璐夙，李秀红 . 新媒体在高校教育管理中的融合运用探寻 [J]. 中国成人教育，2021（19）：28—31.

[15] 项乐源 ."创新教育"理念下的高校教育管理新思路初探 [J]. 中国多媒体与网络教学学报（上旬刊），2021（9）：133—135.

[16] 王岩，黄睿彦，刘莹等 . 大数据时代高校教学管理信息化建设 [J]. 山西财经大学学报，2021，43（S2）：99—102.

[17] 刘济瑞 . 新时代高校教育管理中存在的问题与改革对策研究 [J]. 文化创新比较研究，2021，5（16）：62—65.

[18] 肖叶枝，付沙 . 以学生为主体的高校教育管理体系探究 [J]. 未来与发展，2020，44（11）：10—13.

[19] 陈武元，李广平 . 高等教育普及化背景下的我国高校教学管理变革 [J]. 大学教育科学，2020（6）：46—51，101.

[20] 杨亚宁 . 数据驱动的高校教育管理信息化水平评估研究 [D]. 武汉：华中师范大学，2019.

[21] 宋华兴 . 高校"以生为本"教育管理实践的哲学逻辑与现实路径研究 [D]. 重庆：重庆师范大学，2019.

[22] 王伟，贾红果，高华等 . 高校学生行为安全管理的动力学分析 [J]. 天津大学学报（社会科学版），2018，20（5）：418—423.

[23] 潘露 .MOOC 对高校教学管理的影响研究 [D]. 南京：南京师范大学，2016.

[24] 刘云 . 高校学生党员教育管理研究 [D]. 咸阳：西北农林科技大学，2014.

[25] 覃柳师 . 高校教学管理系统的设计与实现 [D]. 厦门：厦门大学，2014.

[26] 李久东 . 地方高校研究生教育管理体制研究 [D]. 桂林：广西师范大学，2014.

[27] 夏雷 . 高校教育管理制度人性化研究 [D]. 长沙：湖南农业大学，2012.

[28] 郭丹 . 高校教育管理信息资源整合的研究 [D]. 大庆：东北石油大学，2012.

[29] 赵君 . 新时期我国高校思想政治教育管理队伍建设研究 [D]. 武汉：华中师范大学，2008.

[30] 蒋尊国 . 新媒体给共青团思想政治工作带来的机遇与挑战 [J]. 中学政治教学参考，2022（5）：85.